Rompe *las* Normas

Si este libro le ha interesado y desea que lo mantengamos
informado de nuestras publicaciones, puede escribirnos a
comunicacion@editorialsirio.com,
o bien suscribirse a nuestro boletín de novedades en:
www.editorialsirio.com

Título original: BREAK THE NORMS
Traducido del inglés por Francesc Prims
Diseño de portada: Editorial Sirio, S.A.
Maquetación y diseño de interior: Toñi F. Castellón

© de la edición original
2015 Chandresh Bhardwaj

© de la presente edición
EDITORIAL SIRIO, S.A.

EDITORIAL SIRIO, S.A.	NIRVANA LIBROS S.A. DE C.V.	DISTRIBUCIONES DEL FUTURO
C/ Rosa de los Vientos, 64	Camino a Minas, 501	Paseo Colón 221, piso 6
Pol. Ind. El Viso	Bodega nº 8,	C1063ACC
29006-Málaga	Col. Lomas de Becerra	Buenos Aires
España	Del.: Alvaro Obregón	(Argentina)
	México D.F., 01280	

www.editorialsirio.com
sirio@editorialsirio.com

I.S.B.N.: 978-84-17030-20-9
Depósito Legal: MA-592-2017

Impreso en Imagraf Impresores, S. A.
c/ Nabucco, 14 D - Pol. Alameda
29006 - Málaga

Impreso en España

Puedes seguirnos en Facebook, Twitter, YouTube e Instagram.

CHANDRESH BHARDWAJ

Rompe *las* Normas

EDITORIAL
SIRIO

Este libro es para honrar tu vida, NAANI MAA. Gracias por tu amor incondicional.

A mi querido abuelo, SU SANTIDAD SHREE RATTAN PINVORDI, por bendecirme en el camino de la espiritualidad y la poesía.

Me inclino con reverencia ante el elemento más importante en mi camino al dedicar este libro a mi padre, SU SANTIDAD SHREE CHAMUNDA SWAMI, por aceptarme como su estudiante y permitirme ser yo mismo.

PRÓLOGO

por su Santidad el Dalái Lama

Chandresh Bhardwaj pertenece a una familia de maestros espirituales y tiene un talento natural para los asuntos del espíritu. Este libro contiene su visión acerca de cómo podemos crear amor, paz y felicidad en nuestras vidas. En él insiste en que conocer la verdad por uno mismo y no quedar atrapado por lo que dicen los demás o lo que dice la sociedad es un factor clave para lograr la libertad y la felicidad en la vida. Esto concuerda con la noción budista de que la liberación solamente puede alcanzarse por medio de descubrir la verdad y de que solo la verdad puede superar el sufrimiento. Chandresh está en lo cierto, porque en general nos dejamos llevar por aquello que nos hace felices a corto plazo y por los estereotipos sociales; de este modo, olvidamos que necesitamos unos valores interiores como el amor y la compasión, que constituyen los auténticos cimientos de nuestras vidas. De resultas de ello, acabamos sufriendo y siendo infelices. Me alegro de que Chandresh intente transmitir esto a sus lectores.

Lo felicito por sacar a la luz este libro y por su estilo de enseñanza innovador.

Introducción

SEGUIR LAS NORMAS A CIEGAS

Recuerdo cómo era yo antes de saber *realmente* la verdad. Sin duda, podía recitar las escrituras hindúes de memoria, honraba a mi familia y a mi comunidad y perseguía el «éxito», tal como es concebido por mi cultura, en mi trabajo en el mundo de las finanzas corporativas. Parecía que iba por el buen camino. Estaba «cómodo». Se trata de esto, ¿verdad? Pensaba que sabía exactamente lo que Dios quería que hiciese, y yo hacía todo lo posible para cumplir con ello.

Pero a menudo me sentía atormentado por dentro. En el fondo, sabía que no era libre. Me sentía como un robot, como si pensase, actuase, sintiese y me comportase rutinariamente de acuerdo con los deseos de mi programador. ¿Alguna vez te has sentido así?

Como crecí en una familia de gurús espirituales, pasé la infancia estudiando con hombres santos y meditando en templos sagrados. Así que tenía las semillas de la fe en el corazón, las cuales se convirtieron en increíbles experiencias espirituales que me hicieron sentir, en lo profundo, que no estaba viviendo según mi máximo potencial. Las meditaciones intensas que practicaba (*sadhna*) me enviaban un mensaje que resonaba dentro de mi ser: había más en mí, que necesitaba desplegarse.

Las enseñanzas espirituales son conocimiento prestado. Nuestros maestros y los preservadores de nuestro linaje no pueden hacer más que indicarnos el camino; y si bien podemos absorber sus mensajes, memorizar los textos sagrados y hacer las prácticas elaboradas por seres iluminados, la espiritualidad no tiene sentido si solo pensamos, hablamos y leemos acerca de ella. Solo después de experimentar esas enseñanzas en nuestra vida cotidiana llegamos a ser *espirituales*.

Me di cuenta de que necesitaba dejar atrás mi condicionamiento con el fin de experimentar mi verdadero yo. Había escuchado a menudo que la presencia divina que albergaba dentro de mí podía disolver todos mis patrones limitantes y llevarme a una vida de libertad, pero aún no había tenido la experiencia concreta de esta verdad. Sabía que tenía que romper mis normas, que estaban arraigadas en el fondo de mi alma. Tenía que ir más allá de la idea de mi cultura acerca del éxito y de Dios. Tenía que escribir mi propia historia de éxito y encontrar al Dios que me hablase directamente, no a través de sacerdotes y eruditos.

No puedo decir que hubo un momento claro y determinado en el que de repente «desperté» y me di cuenta de que era libre de romper el condicionamiento que dirigía mi vida. Se trató más bien de muchas experiencias espirituales que me recordaron mi propósito a medida que fui creciendo. A menudo las escuchaba, pero pasivamente, sin actuar a partir de ellas, porque aún no tenía el valor de poner en práctica lo que predicaba. Una parte de mí quería seguir llevando la vida cómoda que todos estamos condicionados a buscar, mientras que otra parte no dejaba de sentir el impulso espiritual de liderar un movimiento destinado a elevar la conciencia humana. Me enfrentaba a un conflicto interior.

Fueron las muertes de mi hermana y de un amigo de la infancia lo que sembró en mí las semillas del cuestionamiento. Sus vidas terminaron, pero la mía empezó a expandirse, y se me permitió que condujera yo mismo mi destino. Mi hermana era una estudiante brillante muy versada en los mantras. Cuando enfermó, nunca pensé que acabaría muriendo. Mi mente reafirmaba constantemente la idea de que los jóvenes no mueren de enfermedad. ¿Por qué habría de ocurrirle algo malo?

Mi padre llamó un día mientras yo estaba de visita y le pidió a mi hermana que recitara el *Kujjika*, un mantra sánscrito de dos páginas. Ella lo recitó todo en un suspiro. Siempre lo hacía. Lo significativo de esta recitación fue que ya no tuvo la oportunidad de pronunciar ninguna más. Mi hermana entró en coma justo después de decir la última palabra, y la perdimos al cabo de unos días.

Esta tragedia me cambió para siempre. Para trabajar con mi aflicción, comencé a meditar durante horas, incluso días. Pero había algo más aguardando a poner a prueba mis fuerzas. Solo tres años más tarde, perdí a mi mejor amigo en un accidente repentino. Escuché la noticia en mi cuarto del sótano, y mi alma quedó tan conmocionada que no pude dormir en esa habitación durante más de un mes.

Sus fallecimientos desencadenaron todas mis preguntas sobre la vida y la muerte, sobre el significado de la vida y cómo vivirla. Pensé que sabía las respuestas a todo esto, pero siento que me dejaron una tarea por completar. Con el tiempo llegué a entender que el trabajo de mi vida no consistía en encontrar las respuestas a mis preguntas, sino en consolidar mi valor para cuestionar mis respuestas. Tuve que buscar respuestas falsas antes de aprender a formular las preguntas correctas.

En 2004, dejé la India para unirme a mi padre en la ciudad de Nueva York y obtener un título en el ámbito de los negocios. Asistí a una de las mejores universidades con la intención de trabajar en el mundo de las finanzas hasta cumplir los cuarenta años. Solo entonces fundaría un centro donde pudiera impartir toda mi práctica espiritual a las personas que deseasen adoptar un estilo de vida consciente. Pero después de un año de ejercer de pasante en una empresa de inversiones bancarias, el caos que presencié en Nueva York me inspiró a abandonar el mundo financiero.

No fue solamente la carrera ciega en pos del dinero lo que me molestó. Fue la sensación dolorosa de sentirme esclavizado por el condicionamiento de ser «el mejor». No tenía la opción de ser yo mismo. Se esperaba que fuese el más brillante en un entorno muy competitivo. Afortunadamente, una mentora me ayudó a hallar el coraje para echar un vistazo a mi auténtico ser. Durante mis primeros años como estudiante en la universidad, Maureen Berrios, una inteligente contable con titulación CPA,[*] me contrató para la temporada

---

[*] El *Certified Public Accountant* (CPA) es un título otorgado a los contables que han superado el examen "Uniform Certified Public Accountant Examination" y han cumplido ciertos requisitos de educación y experiencia laboral previa.

en que hay que ocuparse de los impuestos. Observé que era muy dura con todos los internos, excepto conmigo. Para asegurarme de que no era invisible o un estúpido para ella, le hice una pregunta:

—Maureen, ¿cómo lo estoy haciendo? Un poco de crítica constructiva me ayudará a mejorar.

Me miró a los ojos como una madre dura pero cariñosa y dijo:

—¿Estás preparado para escuchar la verdad? —Fingí estar preparado, y lo soltó todo de golpe—: No creo que este sea tu lugar. No me refiero a esta oficina, específicamente. Me refiero a Wall Street, al mundo material. Tú estás destinado a contribuir al mundo por medio de ayudar a los demás a encontrar el sentido de sus vidas. Tu energía es muy diferente de la de todas las personas que conozco. Acaso decidas permanecer en el mundo financiero; pero al final te encontrarás en un camino de servicio social, ayudando a la gente con tu sabiduría.

Maureen confiaba tanto en ello que cuando le pedí que escribiera una carta de recomendación para que se aceptara mi solicitud de cursar el Máster en Administración de Empresas de Harvard, me dijo:

—Deja que sean ellos los que vengan a estudiar contigo. ¿Por qué vas a ir allí?

Entrar en Harvard era el sueño en el que puse el corazón cuando salí de la India. Quería conseguir el Máster en Administración de Empresas de Harvard. Así que cuando Maureen me aconsejó que dejase que fuesen ellos los que «viniesen a mí», pensé que o bien me estaba consolando porque aún no estaba preparado para esa universidad o bien que realmente vio algo en mí.

Sus palabras acabaron por hacerme ver lo que vio ella. Dejé el entorno de las finanzas y fundé *Break the Norms* (Rompe las normas) como una plataforma para ayudar a los buscadores espirituales. Y uno de mis primeros clientes fue de Harvard. Incluso llevé a unos cuantos alumnos de Harvard a la India para que efectuasen un retiro espiritual. Maureen supo que esto iba a ocurrir.

La vida fue cambiando para mí, gradualmente, cuando empecé a quitarme las capas de condicionamiento que la sociedad había puesto sobre mí. Comencé a entender que la espiritualidad hay que cultivarla diariamente. Si nos aplicamos con diligencia, con regularidad, a la meditación y el aprendizaje, iremos vislumbrando poco a poco la verdad divina que mora en nuestro interior. Esta es la clave de la libertad: debemos experimentar la verdad divina por nosotros mismos. Todo buen maestro no hará más que guiarnos para que despertemos lo que ya tenemos dentro.

Como estudiante de la luz divina y profesor espiritual de séptima generación, he dedicado mi vida a difundir este mensaje entre buscadores de todo el mundo. Estoy comprometido a vivir una vida libre y sin miedos y a ayudar a otros a hacer lo mismo. He decidido caminar por todos los rincones del mundo y aunarme con los buscadores que estén dispuestos a transitar este camino espiritual. La libertad y la claridad que he descubierto en mí merecen estar en la vida de todos.

Al haber crecido en una familia de gurús, he estado expuesto a cientos de caminos espirituales. El enfoque que más me resuena es el tantra. Debido a ello, la mayor parte de lo que transmito en este libro proviene de una perspectiva tántrica.

Sé lo que puedes estar pensando: «El tantra ¿no tiene que ver exclusivamente con el sexo?».

La respuesta corta es no. El tantra es una tradición completa, llena de sabiduría, mitos, textos sagrados, prácticas y revelaciones. Me entristece ver los sitios web que dicen ofrecer «sexo alucinante por medio del tantra» y que le dan una mala reputación a esta antigua tradición. La gente piensa que el tantra es la pornografía india, o que son acrobacias complicadas reservadas para el dormitorio. Lo irónico es que el tantra sin duda puede hacerte alucinar, ¡pero no en lo que a sexo se refiere!, sino al abrir tu mente de formas que no podrías imaginar.

Originario de la India, el tantra surgió como una respuesta a las tradiciones ascéticas y monásticas de renuncia que se extendían por el territorio. Antes del desarrollo del tantra, la forma más habitual de transitar por el camino espiritual consistía en dejar el hogar, la familia y el empleo, irse a meditar a un monasterio o a una cueva, afeitarse la cabeza y vestir túnicas, y a menudo pedir comida en el templo. La idea era que la única manera de experimentar plenamente el espíritu era separarse de las distracciones que ofrecían la sexualidad, la lujuria, la carrera, los negocios o la codicia –todos los apegos mundanos–. Solo entonces podía aquietarse y purificarse la mente lo suficiente como para ver a Dios.

Mientras que estas tradiciones indias más antiguas recomiendan que los buscadores renuncien a los placeres de la existencia humana en favor de una vida monástica, el tantra muestra el camino hacia la iluminación en el seno de una existencia humana convencional. Está destinado a las personas que tienen un hogar, un matrimonio, una familia, un empleo y unas responsabilidades. El tantra quiere que obtengamos lo mejor tanto del mundo espiritual como del material. Quiere que experimentemos el derecho sagrado en la vida diaria. Es por eso por lo que incluye temas que se consideran tabúes en otras religiones, como el sexo y el dinero. El tantra se forjó a partir de tradiciones más antiguas para favorecer a aquellos que aspiraban tanto al éxito espiritual como al mundano. El tantra, que es siempre enormemente práctico, ofrece filosofías y técnicas para ayudar a los buscadores a realizar su naturaleza divina mientras permanecen en el mundo de las relaciones íntimas, la familia, el trabajo y todo el ajetreo característico de la vida humana.

Algunas enseñanzas tántricas abordan la sexualidad. La finalidad es que aquellos que no eligen el celibato puedan aprender a trabajar con su energía sexual como energía divina, que puedan tener una experiencia trascendente en sus cuerpos. ¿Has oído hablar de los chakras? Este sistema —lo llamamos el *cuerpo sutil*— que describe los centros energéticos del cuerpo tiene su origen en la tradición tántrica.

Por desgracia, al asociar el tantra exclusivamente con el sexo, el mundo occidental ha corrompido lo que comenzó siendo un método puro y potente para trabajar con el cuerpo sutil. El tantra nos invita a experimentar estados extáticos de curación y trascendencia en nuestros propios cuerpos y en conexión con otros.

Hoy en día, es más importante que nunca entender el tantra. Su esencia reside en la fuerza que tiene para hacernos espiritualmente independientes. El tantra nos enseña a cada uno de nosotros a aceptarnos y reconocernos como somos. Al aceptar plenamente la totalidad de nuestra experiencia como seres encarnados, podemos acceder a la libertad que es nuestra por derecho de nacimiento.

Las enseñanzas tántricas se basan en la noción de que la verdad no depende de las condiciones. Esto significa que podemos encontrar lo divino *por medio* de nuestra humanidad. Mientras que otras tradiciones enseñan que debemos desterrar los deseos sexuales, la ira, la codicia, el ego y muchas otras emociones «negativas», el tantra nos invita a usar cada experiencia humana como un camino hacia nuestro yo superior. Esta es también la intención de este libro.

Enseño las prácticas y los principios tántricos porque para mí tienen sentido y porque *funcionan*. Pero mis palabras se pueden aplicar a tu vida sea cual sea tu religión o tu credo. Siéntete libre de acoger o rechazar cualquier cosa que yo diga en función de tu propia apreciación. Si el tantra resuena contigo, genial; si no, encontrarás otra perspectiva espiritual que tenga sentido para ti. Todos los caminos espirituales verdaderos conducen al mismo lugar. La clave es que descubras uno que nutra tu alma, que es única.

A medida que recorras este camino, estate preparado para ser brutalmente honesto. Prepárate para desaprender tu sufrimiento. Es hora de que descubramos nuestras verdaderas razones por las que estamos vivos. Es hora de romper las normas. Quiero que sepas que no vas a encontrar ninguna fórmula en este libro. No dispongo de una receta universal que vaya a brindar unos resultados específicos a todas las personas. No te diré adónde tienes que ir en tu vida. No te proporcionaré el mapa, pero sí instrumentos para tu viaje. Compartiré historias, enseñanzas y herramientas que te invitarán a ver tu verdadera naturaleza por ti mismo. Es esta naturaleza la que es tu guía. Es este espacio infinitamente inteligente que hay en ti el que iluminará tu camino.

Puedes esperar que este libro te plantee desafíos. No estoy aquí para pulir tus conceptos acerca de quién piensas que eres. No estoy aquí para decirte que eres hermoso y perfecto tal como eres y que puedes tener todo aquello con lo que sueñas, sea lo que sea. ¡Si es esto lo que buscas, tendrás que encontrar otro libro!

Estoy aquí para indicarte algo mucho más profundo e importante que eso. Estoy aquí para exponer tus puntos ciegos de forma que puedas verlos directamente. Son estos puntos ciegos (esos temas que nuestras psiques han convertido en tabúes) los que evitan que podamos conectar con la Fuente.

En el proceso de descubrir nuestros puntos ciegos, podemos esperar recibir algunas bofetadas cósmicas. Estamos programados para anhelar bendiciones, y una bofetada cósmica es similar a la que te dio tu madre cuando no querías dejar de comer galletas. Es esa regañina «por tu bien» cuya finalidad es de que tengas una vida mejor. Las bofetadas cósmicas son necesarias porque puede ser preciso que caigan las estructuras que han mantenido la continuidad de nuestras vidas. Acaso es necesario que ciertas relaciones terminen. Acaso es necesario que adquiramos humildad. Acaso es necesario que determinados empleos se vean sustituidos por otros totalmente diferentes.

Pero te prometo que, en aras de la claridad y la libertad que vienen con el descubrimiento que nos ocupa, vale la pena experimentar cualquier dolor de este tipo que se presente a lo largo del camino.

La información que voy a compartir contigo en este volumen es especial y sagrada. Me he encontrado con muchos libros que están en el mercado para que la gente les eche una ojeada a nuevas enseñanzas espirituales en una lectura de fin de semana. Pero este no es para leerlo perezosamente en un fin de semana. Es preferible que leas solo una o dos páginas al día pero que lo hagas implicando toda tu conciencia en ello. Haz que estos contenidos sean profundamente experienciales por medio de escribir las preguntas y los pensamientos que aparezcan en tu mente durante la lectura. Después podrás remitirte a ellos, saborearlos y reflexionar al respecto una y otra vez.

En el capítulo 1 comenzaré ofreciendo una visión general de lo que significa romper las normas y le echaremos un primer vistazo a la forma de hacerlo. Cada capítulo posterior se centrará en un área específica de la vida —un área que a menudo está repleta de tabúes—. En cada una de ellas arrojaré luz sobre tres normas culturales que ejercen una gran influencia en las creencias que albergamos sobre el mundo y que, por lo tanto, merecen que las investiguemos exhaustivamente. Compartiré mi perspectiva sobre cada norma y te invitaré a que las cuestiones.

Los ejercicios y las meditaciones presentes en cada capítulo tienen por finalidad apoyarte en tu proceso de descubrir la verdad por ti mismo. Te ayudarán a llevar lo que has leído más allá del reino de la mente, a un lugar más profundo dentro de tu alma. Encuentra tiempo para realizar los ejercicios; de ese modo podrás obtener los máximos beneficios de esta obra.

Mi esperanza es que este libro sea un espejo de tu vida. Quiero sostener el espejo de tal manera que puedas ver de forma directa los ciclos de dolor y sufrimiento que recreas inconscientemente. Con este tipo de reflexión, puedes tomar medidas para efectuar un cambio de mucho calado. Mi intención es reflejar tu propia sabiduría, para que puedas verla y reclamarla por ti mismo. No lo estaré haciendo muy bien si, a partir de hoy, mis estudiantes siguen concertando citas para verme por los mismos problemas con los que acudieron a mí hace cinco años. Mi objetivo es que seas independiente de mí y, en el fondo, independiente de cualquier gurú espiritual. No sucederá de la noche a la mañana, pero *sucederá*. Ese es el sentido de mi orientación.

Eres un ser humano valioso y tienes unos talentos increíbles. No hay nadie «ahí fuera» que pueda desvelarte lo que te corresponde descubrir a ti. Quiero presenciar el resplandor de la libertad en tus ojos. Quiero encender tu chispa divina para que se convierta en un fuego sagrado que arda a través de tu conciencia condicionada. *Puedes* abrazar una nueva comprensión, más elevada, y este libro te ayudará a lograrlo.

EMPIEZA EL DESAPRENDIZAJE 1

Demasiadas almas sufrimos la desilusión que proviene de ser fieles a un destino que no es el nuestro. En lugar de despertarnos alegres y con energía, muchos nos sentimos como máquinas, como robots que se esfuerzan para seguir vivos. Nos sentimos atrapados por nuestros compromisos y perdidos sin los objetos materiales que creemos que debemos poseer. Luchamos por comportarnos de maneras respetables y trabajamos para alcanzar lo que pensamos que debemos lograr.

Seguimos caminos que son «normales» en nuestra cultura. Llamo *normas* a estos patrones externos que conforman nuestras vidas. Mi definición de *norma* es cualquier pensamiento o comportamiento que se ha aprendido de fuentes externas, como los padres, la religión, la cultura o la sociedad en general. Las normas pueden reflejar o no nuestras verdades internas, pero la mayoría no dedicamos tiempo a dilucidar si encajan con nosotros. En lugar de eso, seguimos ciegamente las que otros nos ponen delante; recorremos un camino que conduce siempre a un callejón sin salida. Si nunca examinamos estas normas que influyen en nuestras elecciones, podemos vivir con una sensación de angustia continua, ser víctimas de la ansiedad o sentirnos perdidos. Para distraernos de este vacío angustiante, acaso bebamos más alcohol o nos enganchemos a los programas de entretenimiento que dan por televisión. Tal vez busquemos la plenitud acudiendo a un taller de autoayuda tras otro o siguiendo dietas estrictas. O acaso, tratando de encontrar una relación romántica idealizada o soñando con las libertades de las que gozaremos, rompamos la relación que ahora mantenemos. De muchas maneras, buscamos fuera de nosotros mismos la plenitud que desearíamos poder encontrar dentro.

¿Y qué ocurre si, en efecto, miramos más profundamente y lo que descubrimos es que sentimos emociones culturalmente «inaceptables», como ira o anhelos sexuales? Podemos intentar ocultar o reprimir estos impulsos para conservar nuestra sensación de estabilidad, pero en ese caso se manifiestan de maneras que nos sacan de quicio. Miramos la larga cola del supermercado y querríamos apartar a toda esa gente, o nos resulta doloroso estar sentados en el coche mientras el tráfico se mueve a no más de diez kilómetros por hora. Podemos volvernos adictos a la pornografía, o incluso tener comportamientos sexuales violentos.

Quizá la consecuencia más triste de seguir ciegamente las normas es un sentimiento de estar desperdiciando la vida. Sabemos que no somos exactamente *felices*, pero no tenemos ni idea de cómo efectuar los cambios que necesitamos.

Hemos oído hablar de eso llamado *propósito*, y aunque acaso queramos tenerlo nosotros mismos, pensamos que esa clase de comprensión espiritual está reservada a los autores superventas, a los filántropos famosos o a la gente que vive en cuevas. Es posible que pasemos la noche despiertos temiendo la muerte o, peor aún, temiendo no haber vivido nunca realmente.

No contamos con herramientas para entender nuestra divinidad. Escuchamos acerca de ello, leemos acerca de ello, pero estamos demasiado asustados para explorarlo. Nos parece demasiado extraño hacernos preguntas, o hacerlas a otros, sobre temas que nos desconciertan, preguntas como ¿qué ocurre cuando morimos?, ¿encontraremos alguna vez a nuestra alma gemela? o ¿existe un Dios? Estas son algunas de las preguntas tabú que vamos a explorar en este libro. Si no las abordamos, seguiremos sufriendo en silencio, o ignorando que tenemos un problema, o incluso culpando a factores externos por nuestro dolor. Si echamos la culpa a nuestros padres, a Dios, a nuestro karma o a nuestras parejas, eso significa que seguimos dirigiendo la atención fuera de nosotros mismos y distanciándonos de lo que realmente buscamos. Incluso puede ser que rechacemos la ayuda de un maestro espiritual honesto.

Sencillamente, no nos damos cuenta de que podemos tomar otro camino.

ROMPIENDO LAS NORMAS

A quienes lo ven desde fuera les parece que Adam lo tiene todo: una hermosa casa en Los Ángeles, una esposa atractiva, dos hijos encantadores, un coche vistoso y una considerable riqueza. Como jefe de una reputada empresa de consultoría de medios, se reúne cotidianamente con la flor y nata de Hollywood. Pero Adam mira su vida y se pregunta: «¿Es esto todo lo que hay?». Últimamente se bebe uno o dos güisquis extras cada noche para calmar los nervios después de largos días de actividad. A veces se despierta en medio de la noche con un sudor frío, pero no puede entender por qué.

Es hora de que nos deshagamos de la programación cultural que nos mantiene como esclavos de las influencias externas. Es hora de que cuestionemos los temas tabú por nosotros mismos. La forma en que podemos hacer esto es la materia de este libro.

Quiero que sepas que puedes transformar totalmente tu vida. Lo que no funciona puede cambiarse por algo nuevo. Requiere un fuerte compromiso por tu parte, y no será fácil, pero puedes lograrlo. Puedes mejorar tu calidad de vida según tus propios criterios. Puedes operar en un nivel superior, un nivel en el que te rijas por la inspiración. Y puedes liberarte para seguir tus pasiones más profundas. La forma de hacer esto es tan simple como cuestionar las normas por ti mismo y descubrir el alma libre que habita en tu corazón.

Cada uno de nosotros tenemos un alma brillante, resiliente, infinitamente inteligente. Ahora bien, las condiciones de la vida a veces nos golpean y nos hacen olvidar nuestra verdadera naturaleza. Estas condiciones pueden ser la presión de obtener buenas notas en la escuela, la lucha por sobrevivir a la competencia feroz o la compulsión de ser fieles al statu quo. Puedes quedar atrapado por las exigencias que vienen de fuera de ti mismo. Estas exigencias tal vez procedan de un cónyuge que siente que sus sentimientos no te importan, de un jefe que siente que eres una carga para la empresa o de una inversión que poseías pero que ahora te posee a ti. Los condicionamientos pueden haber edificado su hogar en nosotros, un hogar que puede ser bastante sólido. Toda mi práctica se centra en sacudir los cimientos de estas «casas» construidas en nuestro interior.

Cuando eliminamos el velo cultural y familiar que cubre nuestra luz, una nueva vida pasa a ser posible. Podemos ver a través de los condicionamientos externos que han introducido en nosotros la sociedad, la religión y los medios de comunicación, por nombrar unos pocos. La buena noticia es que no necesitamos el concurso de una figura bajada del cielo que nos ayude a ver a través de nuestros patrones. Una práctica de meditación diaria y disciplinada nos ayudará a recorrer este camino. Además de practicar la meditación, estate dispuesto a escuchar la verdad. Decir la verdad es genial, pero escucharla sin protegerse de ella resulta liberador.

Esta apertura a la verdad nos ayuda a tomar decisiones conscientes. Los seres humanos están bendecidos con el don de la elección todos los días. Las decisiones conscientes que tomemos a diario determinarán si reaccionamos a partir de nuestros patrones o si nos posicionamos para acabar con ellos para siempre. Romper las normas es una tarea diaria consistente en decir sí a nuestra conciencia interior y no a los juicios y exigencias externos. Bajamos el volumen del ruido y subimos el del silencio vivificador que nos guía. En esto consiste romper las normas.

Si podemos hacer esto, temas tabú como la muerte y el sexo ya no nos confundirán, porque los habremos examinado por nosotros mismos. Debo añadir, sin embargo, que el examen no será fácil. Recuerdo que cuando empecé mi práctica como consejero espiritual saludaba a todos mis estudiantes y clientes diciendo: «¡Por favor, poneos cómodos!». Pronto me di cuenta de que mi trabajo no era hacer que nadie se sintiera cómodo. Si hago que estés cómodo, no estoy más que alimentando a tu ego. Un examen minucioso del alma implica siempre hacer preguntas difíciles, barrer la suciedad interna y reescribir la historia de la propia vida. Ninguno de nosotros está listo para hacerlo. Nunca se nos enseña a ser vulnerables y a estar desnudos ante nuestras almas. Y es por eso exactamente por lo que hacerlo nos resulta tan duro y caótico.

Pero el resultado de este examen es la renovación; pasamos a experimentar claridad de intención y a comprender el valor de nuestra existencia. Te propongo una práctica rápida, ahora mismo: toma una inhalación profunda, mírate a los ojos en un espejo, o incluso en la cámara de tu teléfono, y dite a ti mismo: «Estoy listo para construir mi vida en torno al amor y la valentía. Haré todo lo que sea necesario para eliminar los obstáculos de mi vida». Asegúrate de decir esto mientras miras profundamente dentro de tus ojos. Esta práctica tendrá un efecto mágico.

Podemos abrazar nuestra humanidad de forma hábil y con aceptación, una humanidad que incluye aquello que nos resulta difícil. Como seres humanos, estamos dotados de muchos poderes. El de hacer evolucionar nuestra conciencia es mi poder favorito. Creo que esto es precisamente lo que nos hace humanos. De lo contrario, ¿qué somos? ¿Robots? ¿O ratas de laboratorio con las que alguien experimenta? No paramos de dar vueltas en el circo de la vida, y es nuestra humanidad la que nos convierte no en «haceres» humanos, sino en «seres» humanos. Nuestra humanidad desacelera nuestras mentes y le da espacio a un potencial espiritualmente enriquecedor.

Podemos ver claramente y, por lo tanto, llevar a cabo buenas elecciones por nosotros mismos. Antes de que cuestionemos lo que nos han enseñado, nuestra visión es borrosa a causa de las interminables instrucciones que nos han dado. En uno de los episodios de la serie televisiva *Orange Is The New Black*, una oficial superior da la instrucción, a una oficial de menor rango, de que llame «reclusas» a las mujeres presas en lugar de dirigirse a ellas por sus nombres. Esta práctica hace que las presas sientan que no son humanas, que no forman parte de un grupo normal. Nuestra realidad cotidiana no está lejos de este escenario: las tradiciones que nos son transmitidas sin más nos pueden hacer sentir como prisioneros o como ganado. La enfermedad del condicionamiento hace que nos parezca «normal» formar parte de la multitud; cualquier otra cosa nos parece rara y nos genera incomodidad. Esta es la razón por la que cuestionar las normas puede producirnos confusión o parecernos complejo –al principio.

Líderes como Gandhi o Martin Luther King provocaron mucho alboroto inicialmente. Esto fue así porque su cuestionamiento rompió el statu quo y ocasionó que sus seguidores despertaran de la «mentalidad de rebaño» aceptada. Pero, con el tiempo, sus cuestionamientos pasaron a constituir un camino; y hoy día sus enseñanzas son increíblemente claras y liberadoras. Lo mismo es cierto en cuanto a nosotros. Comprender que es necesario algo de esfuerzo y tener el valor de dar un paso adelante todos los días es lo que realmente va haciendo que las cosas vayan estando más claras.

Podemos pasar de actuar como robots a actuar como seres humanos dignos.

Pasar de ser seguidores de las normas a ser seguidores de la verdad es un cambio revolucionario. Es como si te hubieses estado alimentando con productos que te causan acidez durante veinte años y luego pasases a alimentarte con la comida más deliciosa, sana y nutritiva que hubieses tomado nunca, como si estuviese preparada pensando solamente en tus necesidades digestivas. ¡El panorama se pone aún mejor cuando te das cuenta de que puedes comer así todos los días!

Cuando actuamos según nuestra verdad, nos sentimos motivados a cada momento. Cuando no lo hacemos, nuestros estados de ánimo y nuestras reacciones se vinculan a menudo con las situaciones que nos rodean. La situación puede ser cualquiera, pero no necesitamos hacer de ella nuestro problema personal. Una persona que te adelanta en la autopista y acto seguido se cruza delante de ti mientras toca la bocina se está perjudicando *a sí misma*. No te lo tomes personalmente. Si la cajera de la tienda de comestibles es un poco fría, deja que lo sea; no tiene nada que ver contigo. Por otra parte, nuestros cónyuges tienen su propio mundo, al igual que nosotros, y es conveniente dejarlos que estén en él a veces. Vive en un estado de libertad y permite esto mismo a los demás. Como resultado, nos sentiremos satisfechos con la forma en que estamos moldeando nuestras vidas. Aunque no podamos escapar completamente del dolor, no lucharemos tanto y nos volveremos resilientes.

Al entregarnos al drama diario de la vida, nos alejamos mucho de la verdad de la existencia. Krishnamurti, el filósofo indio, dijo siempre que la verdad es una tierra sin caminos. Nadie tiene su monopolio y evoluciona a medida que evoluciona nuestra conciencia.

LA VERDAD QUE HAY MÁS ALLÁ DE LOS TRUCOS

¡Susan no es mi esposa!

¡Susan no es mi esposa!

¡Susan no es mi esposa!

¿Puedes imaginar que estas palabras sean un mantra para tener una vida conyugal rica y feliz? Pues bien, lo son. Déjame explicarlo.

Mi cliente Mark estaba casado con Susan, pero no estaba siendo muy buen marido. Hacía caso omiso de sus compromisos familiares y mantenía una fría distancia con todos los que se hallaban a su alrededor. Puesto que su mundo le parecía doloroso y vacío, Mark estaba experimentando con diversas formas de placer: las drogas, el sexo y cualquier otra vía de escape que pudiera encontrar que lo desconectara de sus sentimientos. Pero esto lo dejó anclado en un ciclo interminable de culpa, vergüenza y temor que no quería ni siquiera empezar a afrontar; y aún estaba mucho menos dispuesto a afrontar el vacío que había crecido en su interior.

Antes de acudir a mí, Mark fue a ver a una terapeuta. Con culpa y dolor, le dijo:

—¡Ya no me siento atraído por mi esposa! Sencillamente, las cosas son así.

La terapeuta le sugirió que no se sentía atraído por Susan por una razón: porque era su esposa.

—Los hombres se aburren con sus esposas. Tienes que olvidar que estás casado con ella.

¿La receta? Sí, lo has adivinado. Mark debía decir, todos los días: «Susan no es mi esposa».

Mark pronunció este «mantra» religiosamente, mientras se duchaba, mientras conducía y cada vez que tenía un momento. Se da la circunstancia de que la mente empieza a creerse las mentiras que le decimos, y no tarda demasiado en aceptar cualquier creencia con que la alimentemos. Mark se hizo casi adicto a repetir este «mantra», el cual lo mantuvo en un mundo de fantasía. Poco después, empezó a sentir que Susan no era su esposa, sino que era una mujer deseable con la que podía fantasear. Comenzó a mirarla como una mujer que estaba ahí para satisfacer sus fantasías.

Pero de alguna manera el nuevo «mantra» no ayudó a Mark. Ni a Susan.

En lugar de llegar a las raíces de su sufrimiento, Mark estaba atrapado en un bucle interminable consistente en tratar de manejar, controlar e incluso engañar a su mente. El problema que tenía el enfoque de la terapeuta era que si bien le ofreció un arreglo superficial, no dirigió a Mark a mirar en su propio corazón y a hacerse preguntas difíciles, del tipo ¿qué es lo que busco realmente por medio del sexo?, ¿por qué siento dolor?, ¿qué es lo que puede traerme sentimientos de placer? o ¿qué le falta a mi vida? Mientras no entendiera dónde se originaban sus pensamientos y hábitos de autosabotaje, no podría llegar a las raíces de su sufrimiento. Nunca había examinado los efectos que su familia, su religión y su cultura tenían en su conciencia. Continuaba evitando afrontar temas tabú como el sexo y el amor.

De resultas de ello, Mark siguió actuando a partir de sus deseos confusos, que se manifestaron de formas dañinas, incluida la adicción al sexo. Se entregó a aventuras extraconyugales, lo cual convirtió pronto en un hábito. Se mostraba enojado a menudo y reaccionaba gritando incluso por nimiedades. El consumo de drogas y alcohol estaba drenando su creatividad y su energía. Estaba perdiendo el contacto con la realidad. Sus actos no hacían más que ocasionarle un mayor sufrimiento y ocasionarlo a los demás, si bien no podía entender por qué. Cuando acudió a mí, no estaba viviendo la vida plena y llena de gratitud que todos podemos vivir. Su vida no tenía propósito, ni significado, ni alegría. En la mente desordenada de Mark, no había sitio para ninguna chispa divina.

Esto ocurre a menudo cuando tratamos de encontrar alivio para el dolor causado por los comportamientos impulsivos y destructivos. Buscamos un maestro o un terapeuta que nos ayude, pero las técnicas que nos proporciona no nos conducen a un cambio auténtico y duradero; sobre todo, porque dichas técnicas vienen de fuera de nosotros. No hallamos la sanación, así que decidimos que no podemos sentirnos felices en la vida. Tal vez otros puedan encontrar la felicidad, pero nosotros no.

DESAPRENDER LAS MANERAS EN QUE TE ENSEÑARON A SUFRIR

Romper las normas no consiste en aprender a engañar a la mente. Tampoco consiste en actuar de una manera diferente esperando un mejor resultado. Y, ciertamente, no es una lista de estrategias para «iluminarse en diez días».

Mientras no nos comprometamos de verdad, con la mente y el corazón, a cuestionar las normas que dictan nuestras vidas, no haremos más que pasar de un método poco profundo al siguiente. Seguiremos buscando a los «expertos» para resolver nuestros problemas. Y aunque podamos aprender técnicas para gestionar nuestros problemas, nunca llegaremos a experimentar nuestro verdadero potencial.

Romper las normas consiste en desaprender lo que se nos ha enseñado y todo aquello que no es verdad para nosotros. Nuestros «problemas» son todo aquello que nos impide vivir una vida clara y auténtica. Puede ser algo tan palpable como una adicción, o tan sutil como la creencia de que no tenemos tiempo para meditar a pesar de que sabemos que es beneficioso para nosotros. Romper las normas es abrir las garras con las que nuestras familias y culturas tienen atrapados nuestros corazones. Solo entonces podemos despertar y decir: «Mi vida es muy valiosa. Merezco liberarme de todos los condicionamientos. Estoy dispuesto a ver las formas en que he adoptado unas normas que me frenan. Estoy listo para vivir como debería».

Cuando dejamos de centrar la atención en esforzarnos para hacer que nuestras vidas tengan —y nosotros mismos tengamos— una determinada apariencia, nuestra fuerza vital se ve liberada. Podemos usar esta fuerza vital para entender nuestros problemas desde su origen. Romper las normas nos da una visión clara de las raíces de nuestro sufrimiento.

Cuando Mark vino a mí, nunca había reparado en las normas que había detrás de su problemática conducta. Pero al hacerse las preguntas difíciles, llegó a comprender que sus creencias acerca de su relación con su esposa estaban teñidas por la infidelidad de su propio padre. Mark había visto a menudo a su padre, que era rico y famoso, muy cerca de otras damas y demasiado enfadado con su esposa. El hecho de tener una familia disfuncional había anclado en él el miedo al amor y a las relaciones. En la escuela católica donde estudió se le enseñó que el sexo era vergonzoso, pero al mismo tiempo vivía en una ciudad que exhibía innumerables carteles que vendían sexo por doquier. Cada dos esquinas había un club de estriptis destinado a proporcionar «placer» por unos cuantos dólares. ¡Estaba muy confundido!

Cuando las cosas no van como planeamos en la vida, empezamos a buscar distracciones o soluciones. Mark se distrajo con su búsqueda de soluciones. Las experiencias familiares disfuncionales, las enseñanzas escolares y los clubes de estriptis no tenían sentido en su mente. Él no era una persona completamente irresponsable o insensible; si lo hubiese sido, no habría aceptado seguir mis pautas. Era un ser emocional aprisionado entre lo que debería ser y lo que era. Su mente le decía que hiciera una cosa, pero su conciencia –que estaba extraviada– apuntaba en otra dirección. Estaba leyendo best sellers espirituales, pero empezaba a sentir que eran demasiado tópicos y aburridos.

¿Te ha ocurrido alguna vez que quieres cambiar pero no encuentras la voz a la que hacer caso? Mark estaba viviendo algo similar. Su confusión y sus preguntas le estaban motivando a cambiar; era lo suficientemente consciente como para comprender que el camino en el que se encontraba no lo llevaría a buen puerto.

Al cuestionar todos estos aspectos de su vida «normal», Mark se aclaró más acerca de lo que realmente quería: una relación floreciente con Susan. Quería algo más que una satisfacción sexual, más que la fantasía que había estado viendo en su esposa. Quería conectar con ella íntimamente. Pero, aún más que eso, quería tener una relación satisfactoria *consigo mismo*. Actualmente, Susan y Mark meditan juntos todas las noches. Su relación se está sanando, y ambos son más felices.

Desaprender es el primer paso que debemos dar para *disolver* nuestros problemas. De lo contrario, solo nos estamos creando otros. Cuando disolvemos realmente los problemas, Dios puede acudir raudo a ocupar el espacio que hemos liberado. Podemos ser libres para proceder según nuestra verdad. Dejar que los problemas se disuelvan proviene de un estado de atención sin elección. En este estado, al que accedemos por medio de decir la verdad, nuestros hábitos nocivos y nuestros pensamientos inútiles pierden su poder. Cuando nutrimos nuestras almas con la verdad, matamos de hambre nuestro condicionamiento. Esto se debe a que el condicionamiento solo puede sobrevivir en medio de la confusión, la duda y el miedo. Pero nuestra conciencia de la verdad elimina todas las energías que lo mantienen vivo; es así como nuestros problemas enferman, se ralentizan y acaban por morir. Como mínimo, aprendemos a ver nuestros pensamientos problemáticos e ignorarlos en lugar de dejar que influyan sobre nuestro comportamiento.

Espero que no confundas disolver los problemas con reprimirlos. La represión proviene de lo que yo llamo una *conciencia encogida*. La mayoría de nosotros estamos atados al drama de la vida; esto hace que huyamos de nuestros problemas o que los ocultemos en una caja. Nuestra adicción más grande no es al café, a los cigarrillos ni a ninguna otra sustancia. Nuestra mayor adicción es analizar demasiado y constantemente nuestros problemas. Si bien es beneficioso que seamos conscientes de nuestros problemas, magnificarlos a través de la lente de la conciencia encogida no hace más que conducirnos al sufrimiento.

El proceso de desaprendizaje parte de la voluntad de cambiar lo que haga falta. Tienes que estar dispuesto a regresar al origen de tu condicionamiento. ¡Nadie dice que vaya a ser fácil!, pero valdrá la pena. Probablemente encontrarás que dicho origen es la educación que recibiste, la religión que profesas y la sociedad en la que has crecido. Todos estos elementos cuentan con un hogar en tu conciencia. Te resultará difícil, casi doloroso, alejarte de ellos; pero tienes que pasar por este proceso para abordar la raíz de tus problemas. Será un proceso lento pero natural, que no puedes forzar. No has venido a este mundo por la fuerza. Permaneciste en el cálido útero durante unos nueve meses y después fuiste creciendo un poco cada día. La disolución de tu condicionamiento también tendrá lugar poco a poco.

He aquí algunas preguntas que quiero que te formules una y otra vez, hasta que tu mente deje de hablar y tu alma empiece a responder:

- ¿Cuál ha sido mi deseo más profundo?
- ¿Qué he aprendido en mi educación?
- ¿Cuál es mi reacción instantánea ante el estrés y el dolor?
- ¿Qué hago para resolver mis problemas?
- ¿Confío en mi corazón?

- ¿Tengo compasión por mi propio viaje por la vida?
- ¿Cuál fue el último error que cometí? ¿Qué me llevó a elegir las acciones que condujeron a ese error? ¿Cuál es la lección?

El hecho de hacerte estas preguntas a diario te ayudará a entender las áreas en las que tienes problemas. No te preocupes por hallar las respuestas correctas; sabrás que estás en el buen camino cuando empieces a observar estos cambios en ti:

- Una actitud desprovista de miedo en relación con tus metas.
- Una mejor comprensión acerca de cómo operan los problemas.
- Un mayor entendimiento de tu estrés.
- Menos reacciones y más respuestas ante los retos de la vida.
- Mayor conexión con tus emociones.
- La libertad de ser tú mismo.
- Más valor para expresar tu opinión en los temas que te importan.

Y mucho más que no voy a mencionar; compártelo conmigo cuando lo descubras.

EL DESAPRENDIZAJE REVELA EL PROPIO PROPÓSITO

Cuando desaprendemos las normas, podemos aceptar verdaderamente el regalo que es nuestra vida. No estamos aquí por casualidad. Estamos aquí para cumplir un propósito único, para contribuir con el mundo de una manera única. Y lo que realmente nos hace felices, lo que realmente sentimos *verdadero*, es el único indicio que tenemos de que estamos en el buen camino. No perdemos el tiempo con ninguna otra cosa.

En la India, dicen que un alma debe vivir ochenta y cuatro mil vidas antes de poder encarnar como un ser humano. El nacimiento de una persona es considerado una bendición muy afortunada. No tengo ni idea de si esto es verdad, y no pretendo saber exactamente qué sucede después de la muerte; pero estoy de acuerdo en que una vida humana es una tremenda oportunidad, un fenómeno maravilloso que no debe ser desperdiciado.

A través de algún proceso misterioso y milagroso, la energía infinita de la vida ha tomado forma como tú y como yo. Vamos a detenernos en esto un momento para asumirlo realmente. Es fácil estar abrumado por las exigencias de la vida y olvidar que, a pesar de los problemas que conlleva, esta es un don milagroso. Hazte esta pregunta: «¿Es un milagro existir?».

Si te aquietas y eres totalmente honesto, ¿no lo crees? Tenemos la oportunidad de contemplar el océano y sentir asombro. Podemos mirar a los ojos de nuestro ser amado, o a los de un niño, y vernos asaltados por el amor. Podemos reírnos con todo el cuerpo y olvidarlo todo excepto la alegría pura. Cualquier forma en la que puedas experimentar asombro, amor o alegría, apunta a que la vida es algo extraordinario.

Desaprender las normas externas significa que por fin puedes aprender sobre esta existencia maravillosa. Algunas personas se han liberado por medio de dejar un trabajo que odiaban pero que habían aceptado para pagar una casa lujosa (que es el símbolo de un determinado estatus, para la sociedad). Otras se han comprometido en una relación con la persona a la que aman, aunque sus familias lo vean inapropiado. Sea cual sea el resultado de tu liberación, finalmente sabrás qué es aquello que hace vibrar tu corazón, y tendrás el coraje de proceder según lo que este te revele. Tu vida puede estar repleta de significado y plenitud.

El estrés es el fruto de tratar de obtener algo que, para empezar, no quieres realmente. Cuando estés alineado con tu propósito, te sentirás renovado, relajado y energizado en tu vida diaria.

TODO LO QUE VEAS, MÍRALO CON CONCIENCIA

Hay algo que separa al que rompe las normas del resto de la multitud: la conciencia. La conciencia, como yo la defino, consiste en permanecer plenamente presente y observarse uno a sí mismo a cada momento, sin juicios. Este libro te muestra cómo aplicarla para descubrir tu propia verdad.

La conciencia es el primer paso hacia la ruptura de las normas. Lo que veas, míralo con conciencia. No hagas suposiciones ni generalices. Limítate a permanecer con lo que sea que estés experimentando, sin tratar de cambiarlo. Pon tu conciencia en cada acto, a cada momento. Siente la ducha caliente, la brisa de la tarde, la comida, el agua, el contacto humano, el cielo, la gente que pasa a tu lado..., todo lo que te rodea.

A veces te sentirás bombardeado por todas las emociones y energías que te rodean. La forma en que lidies con tus emociones diarias tendrá un impacto importante en la relación que mantengas con tu conciencia. No podrás ser un buda las veinticuatro horas del día los siete días de la semana, pero sí lo serás cuando permanezcas fiel a tu intención de acceder a tu conciencia.

Te recomiendo que añadas la intención de estar en contacto con tu conciencia. Esto hará que el proceso sea más suave. La meditación tiene efectos milagrosos si se lleva a cabo con una intención correcta. Al elegir estar en contacto con tu conciencia, no luches contra tus emociones. Quiero que rías y llores dentro del discurrir natural de tu vida. Habrá días en que sientas que no tienes ni idea de lo que estás haciendo con tu vida. Acepta los mensajes contradictorios en tu interior; empezarán a aparecer conforme vayas barriendo la suciedad. Es importante que percibas los sentimientos sin juzgarlos y que permitas que vengan y se vayan. También notarás deseos contradictorios; limítate a reconocerlos todos y sé paciente.

Un bebé ofrece un gran ejemplo de cómo practicar la conciencia desprovista de juicios. Cuando un bebé siente hambre, llora para que le den comida. En un momento dado puede querer que lo sostengan en brazos, y al momento siguiente puede querer estar en su cuna. No pondera si sus deseos son o no aceptables ni piensa en lo que significan para su futuro. No sabe censurarse a sí mismo..., hasta que los adultos le enseñan a tener cuidado con lo que piensa. Es beneficioso permanecer en un estado infantil mientras se aprende a ser consciente.

Cuanta más conciencia añadas a tu vida, más significado otorgarás a tu existencia. Empezarás a responder. *Comenzarás a importarle a la vida.* Pasarás a ver la vida como nunca la habías visto antes.

El mayor beneficio de este proceso es una relación más rica contigo mismo. Llegarás a aceptar tus defectos sin juzgarlos. Tu lucha por encajar cesará. Tratamos de encajar porque creemos que necesitamos que ciertos grupos nos aprueben. Se nos ha dicho claramente que tenemos que ser maravillosos, mejores, para tener un círculo social aceptable y triunfar. En un estado de autoconciencia, dejarás de aspirar a ofrecer la imagen perfecta. Los juicios de los demás no te quitarán el sueño. Alcanzarás por fin tu verdadero potencial.

Aquel que rompe las normas no puede tomarse su camino espiritual a la ligera. Cuando empieces a fragmentar tu condicionamiento, te sentirás poderoso y sabio. No des este poder por sentado. Estarás imbuido de la capacidad de manifestar la vida en tus propios términos, lo cual significa que deberás crear tu vida comprometido con la humildad. Tienes que guiar a los demás con el ejemplo; predica pues con él. Sigue honrando tu vida, a tus seres queridos y a todos con quienes te encuentres. Al ver que rompes tus normas, los demás también querrán hacerlo. Sé un ejemplo. Guíalos de forma responsable y asegúrate de cuidar bien de ti mismo a lo largo del camino.

Por ejemplo, come bien. En la tradición ayurvédica se dice que «eres lo que comes», y estoy totalmente de acuerdo. Toma solo aquellos alimentos que emitan buena energía. Necesitas tu cuerpo físico para descifrar el potencial de tu alma, ¡así que nútrelo adecuadamente!

Y, quizá lo más importante, acuérdate de cuestionarlo todo. Muchos buscadores quieren aplicar sus conocimientos y convertirse en maestros demasiado rápido. No tengas prisa. Este libro no es un curso de certificación que te otorgará un título en tres meses. Dedicarse a romper las normas es un proceso para toda la vida. Mi padre, un renombrado gurú espiritual, comienza cada charla con esta frase: «Soy un estudiante de la espiritualidad de lo más ignorante». No dejes nunca de aprender. Un soldado pelea. Un músico compone. Y un buscador busca —cada día, de todas las formas posibles.

EJERCICIO   DESCUBRE TU PERSPECTIVA ACTUAL

Este ejercicio te da la oportunidad de hacer un inventario de tus creencias sobre el estado actual de tu vida. Desvelará las creencias generales que te están reteniendo; a continuación, te mostrará lo que quieres realmente, pero que crees que te resultará imposible obtener. Realiza este ejercicio ahora, antes de leer el resto del libro. Luego, después de haber pasado algún tiempo explorando e integrando las lecciones contenidas en este volumen, repítelo. Compara ambas listas.

Escribe en tu cuaderno una lista de siete aspectos de tu vida que te gustaría que fuesen diferentes. Si pudieras agitar tu varita mágica, ¿qué aparecería? ¿Qué desaparecería? No te censures, y no te preocupes por si estos deseos parecen alcanzables o no. Limítate a preguntarte: «¿En qué sería distinta mi vida si aconteciese esto?». Por ejemplo, es posible que quieras dejar tu trabajo en tu empresa y ser artista.

Ahora, vuelve a la lista y escribe dos cambios positivos que verías en tu vida si, por arte de magia, hubieses logrado hacer realidad todos esos deseos. En el ejemplo, serías más feliz, y también sentirías como si estuvieses viviendo tu verdadero propósito.

A continuación, anota dos cambios negativos que también podrían tener lugar. En el ejemplo, dos aspectos negativos podrían ser las dificultades económicas y el hecho de decepcionar a tus padres.

A continuación, regresa a la lista una vez más. Observa qué sueños y hábitos surgieron con este ejercicio y escribe tanto los aspectos positivos como los negativos. Los cambios positivos son tus sueños. En el ejemplo, podrías soñar con ser tu propio jefe, vivir tu propósito y expresarte sin temor. Los cambios negativos son los hábitos actuales que te están reteniendo. Estos podrían ser el miedo a la crítica, a no vender tus obras o a ser rechazado.

El hecho de hacerte estas preguntas profundas te ayuda a llegar al fondo de las causas por las que estás donde estás en tu vida. El resto de esta obra te ayudará a descubrir tu conciencia más profunda y a vivir tu propósito.

ESPIRITUALIDAD SIN CENSURA 2

magina que estás invitado a una agradable fiesta en tu pueblo o ciudad. Cada uno llevará su mejor ropa, y tú no quieres ser el que no encaje. Pero no sientes que tengas la ropa adecuada para atraer la atención de todos, por lo que decides pedirle prestada una camisa a alguien e ir con ella a la fiesta. Allí, obtienes elogios; te ganas la consideración y la atención de todo el mundo por la camisa que llevas puesta. Te sientes especial. Todo va bien hasta que la persona que te prestó la camisa aparece y te pide que se la devuelvas. Le suplicas que te deje llevarla hasta que termine la fiesta, pero no la convences. Te la quita y se va de la fiesta. Te has quedado sin camisa, avergonzado y enojado.

En el ámbito de la espiritualidad, nos encontramos con esta situación bastante a menudo. Sabemos que queremos «ser espirituales», pero en realidad desconocemos qué significa esto. Nos implicamos con lo que pensamos que es deseable, a partir de lo que vemos a nuestro alrededor. En lugar de pedir prestada una camisa, como en la historia anterior, tomamos prestada la norma espiritual de otra persona.

Forma parte de la condición humana querer la felicidad, y todos hemos escuchado que un camino espiritual puede llevarnos a ella. Pero probar con distintos caminos espirituales sin establecer un contacto directo con la propia alma nos conduce, inevitablemente, a un callejón sin salida. Todo el sentido que tiene implicarse en un verdadero camino espiritual es disolver todas las ilusiones que llevamos a cuestas para poder discernir la verdad de nuestra naturaleza. No es conveniente intercambiar un conjunto de ilusiones (las nuestras habituales) por otro, por muy espiritual que sea.

Llevar la camisa de otra persona no hace más que distraernos del trabajo interno que debemos llevar a cabo para avanzar por nuestro camino evolutivo. En lugar de descubrir la felicidad verdadera y duradera, aplicamos la última técnica o seguimos al maestro que está más de moda; todo ello con el fin de tratar de «resolver» nuestra ansiedad. Podemos abandonar una norma que seguíamos desde la niñez solo para encontrarnos viviendo según otra, asociada con una jerga y una vestimenta diferentes. No obstante, por más políticamente correcta que sea esta nueva norma o por más que la sociedad la aliente, sigue constituyendo una distracción.

LOS PROBLEMAS DE LA ESPIRITUALIDAD EN LA NUEVA ERA ACTUAL

Hay una enorme ola de espiritualidad en el mundo hoy en día. Los buscadores quieren ir más allá de la religión y encontrar consuelo en algo diferente, moderno y práctico.

Piensan que si pueden ser «espirituales pero no religiosos» evitarán todos los escollos de las religiones organizadas, como la culpabilidad, el abuso de poder y la degradación de las mujeres, los niños, las parejas del mismo sexo o incluso el medio ambiente (la degradación del medio ambiente está alentada por la creencia de que la humanidad tiene derecho a controlar el mundo).

Si bien me hace feliz ver que cada vez más personas se orientan hacia la espiritualidad, esta nueva tendencia no está exenta de problemas. Veo a muchos aspirantes espirituales que abandonan las religiones de sus padres solo para sustituir unos dogmas por otros. En lugar de decirles que el sexo prematrimonial es pecaminoso, a los nuevos seguidores se les dice que comer azúcar o no reciclar son pecados. Una vez más, estamos olvidando los puntos característicos del camino espiritual: la verdad, el amor, la libertad y la felicidad reales. En calidad de buscadores, nos volvemos vulnerables a la mentalidad de culto, en la que nadie cuestiona lo que se le dice. Estos seguidores actúan de manera ciega, sin tener en cuenta cómo encajan en su propia conciencia y con sus propios valores los mandatos que reciben. En ausencia de una guía espiritual verdadera y auténtica, a través de esta adhesión ciega perpetuamos el sufrimiento en nosotros mismos y en el mundo que nos rodea.

Cantar mantras sánscritos, maldecir libremente, ponerse tatuajes simbólicos y volverse vegano no son signos reales de una espiritualidad Nueva Era, rebelde. Sin embargo, esto es lo que hacen la mayor parte de los espiritualistas de la Nueva Era. Esta oleada «espiritual pero no religiosa» ha desarrollado sus propios tipos de normas espirituales, que se han convertido en formas de culto. Ofrecen camisas que creemos que debemos usar para disfrutar de la fiesta y ser aceptados o incluso apreciados, porque todo el mundo está «con nosotros» o «contra nosotros».

Voy a poner un ejemplo. A los veganos parece que les encanta acusar a los comedores de carne. Yo he sido vegetariano desde que nací; nunca he probado los huevos o el pescado. Y desde el año 2002, tampoco tomo productos lácteos. Pero no me gusta ponerme la etiqueta de *vegano*. Este tipo de etiquetas pueden reforzar bastante el ego en nuestras mentes. Decidí renunciar a ellas después de ver que muchos buscadores proclamaban la compasión hacia los animales y no mostraban esa misma compasión por los seres humanos. Si no somos capaces de aceptar a nuestros semejantes, no merecemos reclamar la salvación de las vidas de los animales. Se supone que la cultura vegana protege a los animales, pero ha terminado por fortalecer el ego, porque la gente empieza a sentirse importante y a sentir que su estilo de vida la hace superior a los demás, lo cual está ocasionando el peor de los daños.

ESPIRITUALIDAD SIN CENSURA

El libro que tienes en tus manos presenta un sistema de autorrealización que está libre de cualquier pretensión y cualquier dogma, de todo aquello que *imita* a la espiritualidad. En lugar de que intentemos ser «espirituales», constituye una invitación a que seamos *nosotros mismos*. No necesitamos personificar la imagen de un ser perfecto. No necesitamos poner etiquetas a nuestras vidas sagradas e íntimas. No necesitamos ignorar nuestras dudas o temer que acaso estemos haciendo preguntas prohibidas. Podemos proceder sin censuras.

Espiritualidad sin censura significa investigar temas que son evitados por las religiones tradicionales o los profesores de la Nueva Era. No hay ninguna pregunta que se salga de ningún límite. Podemos ser fieles a nuestra propia curiosidad. Cualquier experiencia que tengamos es exactamente lo que necesitamos para concebir una pregunta. No hay razón para excluir a nadie, porque lo relevante es la relación que tenemos con nosotros mismos. Y, ciertamente, no necesitamos forzarnos a ponernos la «camisa» espiritual de otra persona para experimentar los beneficios de conocer nuestra propia naturaleza.

Los cultos pueden permanecer vigentes solo cuando quienes tienen autoridad tratan de censurar nuestras experiencias más profundas. Tanto si este culto se inscribe en el marco de una religión tradicional como de una organización Nueva Era, controlar la espiritualidad de los miembros del grupo no hace más que mantener el poder en manos de una élite. Pero cuando tomemos el poder en nuestras propias manos gracias a mirar lo que es *verdad*, no nos quedaremos atrapados en las trampas espirituales que nos impiden conocer nuestra esencia más profunda. Podremos ser libres.

Las normas que se exponen en este capítulo se centran en conceptos erróneos habituales que tiene nuestra cultura relativos a la espiritualidad. Si estas normas prevalecen, pueden evitar que entremos en un camino espiritual. Si pensamos que necesitamos llevar una determinada «camisa» para ser espirituales, podemos llegar a la conclusión de que esto de la espiritualidad no es lo nuestro. Pero cuando procedemos sin censuras, podemos descubrir qué significa la espiritualidad para nosotros.

NORMA 1

PARA SER ESPIRITUALES, DEBEMOS COMPORTARNOS DE UNA FORMA «ESPIRITUAL»

En enero de 2006, tuve invitados en mi pequeño apartamento, en Flushing, Nueva York. Después de cenar, saqué una popular película de Bollywood para mostrársela a todos.

—¿No es un DVD original? —exclamó uno de mis invitados, una mujer, como si nunca hubiese visto una copia pirata de algo.

—No, no es original —le dije—. Aquí, el DVD original cuesta casi veinticinco dólares, mientras que en la India solo cuesta cinco. Aquí, las tiendas obtienen los DVD directamente de la India y hacen copias. Es casi imposible conseguir DVD originales de películas indias por aquí.

—¡Por supuesto!, lo sé —dijo—. Pero me sorprende que Guru Ji [mi padre] te permita ver una película pirata. Quiero decir, ¿está permitido? Deberías preguntárselo. ¡Puede ser un pecado que un gurú o su hijo miren la versión pirateada de una película!

Sonreí, pero ella no estaba bromeando. Estaba realmente preocupada por el hecho de que mi camino espiritual se estuviese viendo empañado por un DVD pirata. No era la primera persona que conocía que tenía una visión distorsionada de lo que es la pureza en el ámbito de la espiritualidad. La mente humana está obsesionada con los códigos morales. Nos aferramos a todo lo que promete hacer que el mundo sea más comprensible, más en blanco y negro. Así es como la religión y muchos líderes han influenciado a sus seguidores.

Pero la idea de que Dios es un ente enjuiciador es un concepto inventado por el hombre.

Estamos encandilados con la idea de añadir algo de pureza a nuestras vidas. Se nos dice que somos pecadores y que, por lo tanto, debemos actuar sin pecar. Si visitamos el sagrado Ganges, en la India, veremos a una multitud que quiere lavar sus pecados. Si nos acercamos al papa o a cualquier otro líder religioso, veremos que hay muchas personas que necesitan que estos líderes les aseguren que Dios no las castigará el día del juicio. Muchos gurús y muchas religiones alcanzan su poder por medio de dividir el mundo en puro e impuro. Sus negocios se basan en la promesa de hacer que sus seguidores sean más puros de lo que podrían llegar a ser por su cuenta. Esta práctica acaso les sirva para vender entradas y atraer fondos para llevar a cabo su misión, pero ¿tiene algún significado? Abordaremos esta pregunta y otras en las próximas páginas.

Cuando estuve en una escuela de negocios de Nueva York, escribí una columna de pensamiento positivo durante casi dos años. Debido a ello, empecé a recibir muchos correos electrónicos y consultas de estudiantes (y algunos profesores) que estaban buscando una solución espiritual a sus problemas. La mayoría de los que acudieron en busca de mi ayuda también tenían muchas ideas preconcebidas acerca de lo que es la espiritualidad.

Como estudiantes de una escuela de negocios, su conocimiento de la espiritualidad tenía como base lo que veían en Internet o en varias plataformas de medios sociales. Todos esperaban encontrarse con un anciano filósofo con una larga barba y arrugas alrededor de los ojos que les consiguiese la iluminación. Pero yo era un inmigrante indio que llevaba vaqueros y sudadera, y que iba con un iPod metido en el bolsillo. La mayoría de ellos habían estado expuestos a unos tópicos espirituales surgidos del ámbito de versiones modernas y comerciales del yoga. Seguían unas tendencias, como el veganismo aprobado por algunas celebridades, la limpieza de los chakras y otros elementos que se empaquetaban y vendían como talleres de fin de semana. Admitieron que la espiritualidad les parecía mística y «extraña». Muchos de ellos me confesaron, más tarde, que al principio dudaron sobre si pedirme ayuda, porque no estaban seguros de lo que les sugeriría que hicieran; temían que estuviese ansioso por hacerles adoptar determinadas reglas de comportamiento y conducta.

Al principio me costó un poco darles consejos sobre la forma de gestionar sus vidas; no era un papel que esperaba tener en una escuela de negocios de la ciudad de Nueva York. Las cosas se pusieron fáciles cuando empecé a conectar con ellos por medio de compartir mi historia y animarlos a compartir las suyas. La fluidez no tardó en llegar. Cuanto más me veían en persona y me hablaban, más se disolvían sus dudas relativas a lo que es un estilo de vida espiritual. La franqueza y la calidez de mi padre me ayudaron inmensamente en mi camino, y sabía que también funcionarían cuando necesitara conectar con los estudiantes y los profesores.

Esto prosiguió después de la universidad. A medida que avanzaba por el camino de convertirme en consejero espiritual a tiempo completo, me encontré (y *aún* me encuentro) con muchas personas que evitaban entrar en un camino espiritual porque temían que fuera demasiado místico y pudiera exigirles un cambio de estilo de vida demasiado rígido.

SUPUESTOS QUE NOS IMPIDEN EMBARCARNOS EN UN CAMINO ESPIRITUAL

Los supuestos acerca de lo que es la espiritualidad pueden interponerse en nuestro camino. Algunas de las creencias obstaculizadoras que más escucho son:

- Tengo que dejar de ser ambicioso. ¡Ganar dinero no es espiritual, lo sé!
- No puedo casarme o mantener relaciones sexuales.
- Tengo que ser vegano y llevar una dieta totalmente orgánica.
- ¡Esto no es para mí! No puedo meditar. Lo intenté, y no me funciona.
- Tengo que identificarme como algo (hindú, budista o cristiano).
- Tengo que vestir de cierta manera. Tengo que llevar ropa tradicional o collares de cuentas.
- Si me visto de cierta manera, o soy dueño de las posesiones correctas, esto me hará lo bastante espiritual.

La lista es interminable. Estos supuestos aparecen a causa del circo espiritual que se ha organizado al respecto. Las creencias equivocadas, la desinformación y los charlatanes abundan en el circuito de la Nueva Era. Podemos perdernos entre los variados dogmas, recetas y técnicas en conflicto. Hay sitios web que abastecen de ropa espiritual. Hace poco vi una Barbie Kundalini en Los Ángeles y sacudí la cabeza. La espiritualidad se ha convertido en un negocio, y bastante floreciente. El propósito del negocio de la espiritualidad era inspirar más conexiones, y ahora está creando una división en un mundo ya muy dividido. Están las personas que «parecen espirituales» y las que no. El materialismo no es más que otra manera de hacer que la gente sienta que no encaja.

El problema inherente a pensar que necesitamos ser, parecer y comportarnos de ciertas maneras para «ser espirituales» es que nos perdemos la oportunidad de vivir realmente una vida espiritual. Una vida espiritual es una vida sencilla. No está decorada con accesorios. Según todo lo que he leído acerca del Buda, del profeta Mahoma, de Guru Nanak Dev, de Jesucristo y de otros gigantes de la espiritualidad, todos ellos vivieron una vida sencilla, sin dramatismos. Quiero decir que no puedo imaginarme a Jesús enfurruñado a causa del número de seguidores que tuviera otro maestro espiritual de su pueblo, o al Buda abrazando a todos en sus discursos pero profiriendo gritos si no le traían el té a tiempo. En cambio, podemos ver cómo muchos gurús espirituales se enojan cuando no están en el escenario (y a veces cuando están en el escenario también).

Puedo afirmar que mi padre es un tipo realmente sencillo. Su humildad me conmueve a menudo. El truco está en no *tratar* de ser humilde, sino en limitarse a estar receptivo a la energía y la gracia superiores. La espiritualidad solo te pide que seas. Un estilo de vida espiritual no hace buenas migas con el factor estatus. Consiste en ser compasivos con los demás y con nosotros mismos, independientemente del aspecto que presente cada cual. La buena noticia es que es fácil ser sencillo y, por lo tanto, llegar a ser espiritual.

El beneficio más importante del estilo de vida genuinamente espiritual es que llegamos a reconocer nuestro valor inherente, el cual no depende de las circunstancias externas. Ya no perdemos el tiempo yendo sin rumbo, buscando a ciegas un estatus o un sentido de pertenencia superficial. Nos despertamos con la intención de vivir la vida según nuestro potencial más elevado. Las tentaciones del materialismo ya no nos distraen. Somos guiados por el amor y una energía valerosa.

ROMPE LA NORMA

NO TIENES QUE SER DE UNA DETERMINADA MANERA. ¡SÉ TÚ MISMO!

La espiritualidad real no tiene nada que ver con todo el bombo y todos los «deberías» que rodean a la falsa espiritualidad. No se trata de ser «estupendo» o de parecer «santo». La espiritualidad real es sencilla y no supone ningún esfuerzo. No requiere que seas de una forma distinta a como eres. Cuando estés siendo completamente tú mismo, estarás empezando a ser espiritual.

Una de las invitaciones más importantes de nuestras vidas es la llamada a la autenticidad. Cuando nos decimos la verdad a nosotros mismos y la decimos a quienes nos rodean, tenemos línea directa con lo divino. Nacemos siendo honestos. Si no me crees, pregúntale a un niño pequeño qué aspecto tiene tu cara. Si exclama «¡patata!», no te enojes. Si dice «princesa», no te sientas muy halagada. La opinión de los niños pequeños va cambiando a medida que hablan; lo que sienten que es verdad en ese momento, lo dicen. Hemos heredado esta autenticidad en nuestras almas. Cuando empezamos a ser auténticos, comenzamos a retomar el contacto con nuestra fuente, el universo, Dios o el yo divino.

No estoy insinuando que las sugerencias en cuanto al estilo de vida no sean útiles; tienen su lugar. Pero si las prescripciones se convierten en el objetivo en lugar de ser los medios, nos veremos atrapados en una trampa que nos distraerá de lo que realmente anhelamos. Todas las sugerencias deben ser solo eso, *sugerencias*. Una enseñanza espiritual de calidad no hace más que señalarnos lo que ya sabemos en el fondo. Debe ayudarnos a ser más *nosotros mismos*.

CÓMO ELEGIR UN CAMINO ESPIRITUAL QUE SEA ADECUADO PARA TI

¿Te gusta la jardinería? ¿Vives en la naturaleza, rodeado de bosques o de un paisaje exuberante? ¿O tienes tu hogar en el desierto, donde la tierra ansía unas gotas de lluvia? La única razón por la que te lo pregunto es porque quiero que mires a tu alrededor. Mira ese árbol gigante que brotó de una semilla pequeña. Una semilla es el almacén de un enorme potencial. Si recibe los cuidados adecuados y se encuentra en un entorno propicio, puede transformarse en algo asombrosamente hermoso. Tú y yo también somos semillas con un potencial. Llevamos dentro unas posibilidades que pueden conducirnos a la alegría omniabarcante de la luz divina. Y con la orientación adecuada para nutrirnos, podemos transformarnos para mejor.

Cuando descubramos el tipo de alimento espiritual adecuado para nuestras almas únicas, lo sentiremos. Nos relajaremos y sabremos que todos nuestros caprichos, talentos, intenciones y anhelos son bienvenidos. También sabremos que el miedo, la ira, los deseos problemáticos, el aburrimiento y las debilidades son bienvenidos. No sentiremos la necesidad de seguir picoteando en el mercado espiritual. Podremos irnos a casa. Y cuando digo «a casa» quiero decir a la sede del alma que está en nuestro interior.

No esperes que tu vida se vea libre del dolor por arte de magia cuando te embarques en un camino hacia el despertar. No hay manera de que el ser humano pueda evitar el dolor. Si buscas señales de alivio que te indiquen que estás en el lugar correcto, vas a tener siempre una decepción. De hecho, el trabajo espiritual a menudo aumenta la intensidad de la vida. Trae hábitos y tendencias destructivos a la superficie para que puedan ser satisfechos e integrados. Pero una buena enseñanza espiritual te guiará hasta tu fuerza, tu resiliencia y la maravilla incondicional ante el milagro de la vida. Como resultado, estarás mejor equipado para gestionar el dolor cuando surja.

A medida que descubras tu verdadera naturaleza, acaso sentirás que tu autenticidad te motiva a dejar una relación o un trabajo, o a meditar tras levantarte por la mañana en lugar de ponerte a leer las noticias. Cuando se está en un camino verdadero, estas opciones surgen de un lugar profundo; no se toman por seguir una lista de reglas. Te sentirás impulsado a mejorar tu vida desde dentro de ti mismo. Es así como sabrás que lo que estás haciendo desde el punto de vista espiritual está funcionando.

CONCEPTOS ERRÓNEOS QUE NOS IMPIDEN VIVIR UNA VIDA ESPIRITUAL

Vamos a abordar cuatro de los supuestos habituales que he mencionado anteriormente, todos los cuales pueden servir como excusas para evitar emprender un camino espiritual.

Tengo que dejar de ser ambicioso.
Ganar dinero no es espiritual

Cuando eres espiritual, estás empezando tu camino hacia convertirte en un ser completo y con éxito. En este camino, te acercas más a gozar de un buen equilibrio entre el éxito económico y la inteligencia espiritual. Tu éxito económico te ayudará a ser un mejor buscador, puesto que ya no estarás absorbido por la preocupación de cómo pagar las facturas.

A menudo me he encontrado con estudiantes que relacionan la espiritualidad con un estilo de vida basado en la renuncia. Ven el dinero como una especie de mal que les estorba en su viaje. El dinero no es algo negativo; lo que puede ser negativo es la forma en que lo vemos. Si eres espiritual pero sigues teniendo dificultades económicas, hay algo que va mal. Acaso estés siguiendo una enseñanza espiritual que predica la renuncia material, lo cual no tiene sentido en la vida moderna. Paso mucho tiempo en Los Ángeles, Nueva York, Ámsterdam, Nueva Delhi y varias otras grandes ciudades. Si todos los habitantes de esas ciudades dejaran de trabajar y se pusieran a cantar mantras durante todo el día, morirían de hambre y dolor. El estilo de vida moderno requiere un sólido equilibrio entre la espiritualidad y el éxito mundano.

Del mismo modo, si estás obsesionado con el dinero, es posible que necesites centrarte en soltar tu apego a los aspectos materiales y cultivar una comprensión más profunda de los elementos superiores de la existencia. El dinero puede satisfacer nuestras necesidades, pero si empezamos a hacer girar nuestras vidas alrededor de él, no dejaremos de padecer y sufrir. El camino espiritual puede ayudarte a ganar dinero y a ser feliz mientras lo estás ganando en lugar de experimentar una esclavitud diaria en la que intercambias un trabajo tedioso y un tiempo precioso por dinero. Esto es así porque el camino espiritual nos ayuda a vivir nuestro potencial, sea lo que sea para nosotros. También infunde más energía, entusiasmo y claridad a todo lo que hacemos. Y mantiene nuestra atención centrada en la felicidad incondicional, independientemente de cuál sea nuestra situación laboral o de las fluctuaciones económicas que experimentemos en la vida.

Por supuesto, hay etapas en el viaje espiritual en las que uno puede desear renunciar a todo (relaciones, asuntos monetarios y otros elementos mundanos), pero esto no es obligatorio. En cualquier caso, es una llamada personal. Pero siempre digo que si bien es fácil correr a las montañas y afirmar que se ha renunciado a todo, se necesita un alma audaz para permanecer en el mundo y mantener un equilibrio.

Tengo que abstenerme de casarme o de mantener relaciones sexuales

Hay ciertas sectas de monjes y maestros espirituales en que la decisión es la de no casarse, pero esto no significa que no puedas casarte si quieres ser espiritual. El hermano de mi abuelo (que era el gurú de mi padre) se quedó soltero porque le apeteció. No quiso involucrarse en una familia y prefirió concentrar toda su atención en el logro espiritual. Pero su hermano (mi abuelo) se casó y tuvo tres hijos. Uno de esos niños llegó a ser un renombrado sanador espiritual, se casó y me engendró.

Algunos monjes renuncian al sexo porque sienten que esta es su vocación. Y otros individuos sienten la llamada personal de casarse, mantener relaciones sexuales y formar una familia. Y, ciertamente, puedes estar casado o sexualmente activo y seguir un camino sagrado. Me he encontrado con varias sectas de maestros espirituales que se sienten cómodos llevando una vida conyugal, lo cual no es óbice para que sean altamente espirituales. Tienen una expresión para referirse a esta circunstancia: *grihstha asharam*, que significa 'mi hogar es mi santuario'. La persona acepta tener cónyuge e hijos para que ello le dé fuerza en su camino. Un monje que contaba con una gran reputación, Sri Ramakrishna Paramhansa, fue un hombre casado, y encabeza mi lista de los venerados gurús a los que me habría gustado conocer. Permaneció casado y mantuvo un estilo de vida familiar mientras cambiaba las vidas de innumerables buscadores. Estos adeptos espirituales renuncian a la mala conducta sexual y se proponen en cambio que sus vidas sexuales sean beneficiosas para los demás y para sus propios logros. Hablo de esto en profundidad en el capítulo dedicado a la sexualidad.

Ciertos caminos son más favorables a la vida relacional (como el tantra) y otros alientan más la renuncia y la simplicidad (como el budismo zen). El truco es que encuentres el camino que te nutra con el objetivo de que te conviertas, cada vez más, en tu auténtico yo.

Tengo que ser vegano y comer solamente alimentos ecológicos

Eres lo que comes. Este es el principio del ayurveda, el sistema de medicina tradicional de la India. El ayurveda afirma que puedes curarte por medio de una dieta equilibrada, tratamientos herbales y prácticas de meditación. Una parte significativa de este sistema es la creencia de que la mente sana al cuerpo de muchas maneras.

El estilo de vida espiritual tiende a adoptar un enfoque semejante a este, el de sanar la mente, el cuerpo y el alma a la vez. Cuando consumimos alimentos que son difíciles de digerir, como una triple hamburguesa con patatas fritas, nos resulta más complicado entrar en las etapas más profundas de la meditación.

Como mencioné anteriormente, he sido vegetariano desde que nací, pero un sabio me advirtió en una ocasión de que la comida que estaba consumiendo me estaba impidiendo tener unas experiencias espirituales más elevadas. Se refería a mi afición por los fritos y los refrescos con gas.

Las opciones del veganismo y la alimentación ecológica no son más que otras formas de tener una experiencia consciente del comer. Es conveniente ser vegano porque te ayudará a tener experiencias meditativas más profundas. Lo que ingieres repercute en tu práctica de la meditación. Algunos caminos espirituales, como el *vaishnav*, recomiendan no consumir ajo y cebolla porque le proporcionan una energía agresiva al cuerpo que perturba la práctica meditativa. Cuando tomo alimentos fritos, tengo una experiencia diferente al meditar; no me gusta tanto como después de haber tomado fruta o una ensalada. Por lo tanto, te sugiero que prestes atención a lo que comes cuando emprendas el camino espiritual.

Nací en la India y soy por lo tanto un vegano privilegiado. Hay centenares de recetas deliciosas y muy saludables en el sistema vegano indio que tus papilas gustativas podrían encontrar exóticas. La comida vegana que he visto en el mundo occidental es muy diferente, y esta es probablemente la razón por la que algunos veganos acaban teniendo problemas de salud. Si eliges ser vegano, infórmate bien, indaga. En la gastronomía vegana india, hay una gran cantidad de proteínas y otros ingredientes que te permiten mantener la atención plena y la salud. Pero tratar a los no veganos o a las personas que comen verduras producidas en masa como criminales no es correcto. Hay monjes que comen carne y huevos y beben leche, porque eso es lo que se produce en el entorno en el que viven. Ser vegano no garantiza la iluminación. Nunca le he pedido a ninguno de mis clientes que pase a ser vegano o vegetariano.

Si se lleva a cabo una práctica de meditación diaria, es frecuente que la persona misma efectúe cambios en sus hábitos alimentarios. La meditación nos lleva a la comprensión de que todos formamos parte de una unidad. Cuando sintamos esta unidad con cada ser viviente —más allá de las creencias—, puede ser que prefiramos no matar a ningún animal solamente para el deleite de nuestras papilas gustativas.

Tengo que ser hindú, budista, cristiano, o profesar alguna otra fe

Así es como respondo siempre a esta idea equivocada: «No tienes que ser creyente de ninguna religión tradicional. Solo tienes que cancelar tus creencias». La clave para llegar a ser espirituales es desaprender y deshacernos de todo nuestro condicionamiento previo. Convertirse a una religión diferente no es la solución. Puedes meterte en un *ashram* o irte de viaje al Himalaya, pero esto no va a resolver tus problemas. Adondequiera que vayas, vas con tu equipaje. Mientras no tires ese equipaje, seguirás sufriendo.

La etiqueta de la religión está tan fuertemente incrustada en nuestra cultura que uno se siente huérfano si no tiene una. En muchas culturas, la religión es uno de los rasgos más fuertes que caracterizan a una persona. Es el sentimiento de pertenencia a un poder superior el que hace que nos resulte tan atractiva. El hecho de saber que alguien está ahí para perdonar nuestros pecados y alejar nuestras preocupaciones constituye un gran alivio. Las personas que se sienten muy bien dentro de un marco estructurado y llevando a cabo unos rituales pueden medrar espiritualmente dentro de una tradición específica, mientras que otras se sienten sofocadas o controladas en el seno de una tradición y buscan, de forma natural, abandonar cualquier identificación religiosa.

Sostengo que las religiones no fueron creadas con ninguna mala intención. Me gusta creer que nacieron para enseñar el arte de vivir una vida feliz, lo cual es también lo que prometen la mayoría de los movimientos de la Nueva Era. Las religiones fueron, probablemente, los movimientos Nueva Era de su tiempo. A lo largo de los años, se convirtieron en cuerpos religiosos organizados. Como persona que procede de la religión hinduista, puedo dar fe de que es una religión refinada que ayuda a la gente a vivir una vida más feliz. Mis limitados conocimientos sobre el budismo, el sijismo y el islam me transmiten la misma impresión. Las religiones no tienen toda la culpa de su deriva; son sus preservadores quienes decidieron sentirse importantes y quienes las convirtieron en dinámicas de locura para el resto. Por lo tanto, es importante que seas siempre consciente de *por qué* te ofreces a un camino espiritual o religioso en particular y que adviertas si obtienes la ayuda que buscas. ¿Te está ayudando tu actividad espiritual a ser más feliz y más compasivo, a sentirte más relajado y con mayor energía? ¿O te está agobiando?

Puede ser muy beneficioso comprometerse con un linaje, si ello ayuda a la persona a ser auténtica y consciente de sí misma. Vengo de un respetable linaje de gurús de la India, el cual me dio el coraje que necesitaba para dejar el glamur de Wall Street y embarcarme en un camino espiritual. A menudo pienso que podría haber elegido opciones totalmente equivocadas si mi linaje no fuese noble. Podría haber heredado fácilmente las creencias típicas del sector, como la codicia, y haber procedido a partir de ellas sin sentir ni un ápice de culpabilidad. Afortunadamente, no fue esto lo que ocurrió. ¡Estoy muy agradecido!

El hecho de pertenecer al increíble linaje de mis gurús no solo me expuso a muchas religiones y creencias, sino que también me preparó en un nivel práctico. Pero esta fue mi experiencia personal. En mi opinión, un linaje o una religión se mantienen auténticos siempre y cuando el líder del linaje sea auténtico y esté físicamente activo. Cuando el líder deja de existir físicamente, los seguidores empiezan a interpretar las enseñanzas de múltiples maneras y se origina un caos difícil de arreglar. Esto es lo que ha sucedido con muchos linajes y muchas religiones. Una religión pierde su autenticidad en el momento en que el verdadero gurú sobre el que se asienta se ha ido. Alguien tiene que dirigir a las masas...

No quiero darte mi respuesta acerca de cuál es la religión por la que deberías optar. Tampoco sugiero que conserves la misma religión que tu familia. La razón de ello es que elegir una religión no es la solución. Puedes profesar la religión más pacífica del mundo y seguir siendo un canalla. O unirte a un gurú espiritual fraudulento y seguir siendo honesto. En lugar de centrarte en pertenecer a una religión o no, elige seguir tu voz interior. Romper las normas de una mentalidad rígida te ayudará a ver lo divino sin estar sujeto al control de ninguna religión.

SÉ TÚ MISMO

La sociedad alimenta tu ego y te hace actuar de formas que solo son beneficiosas para las dinámicas de dicha sociedad. Nuestra sociedad funciona mejor si hace que algunas personas se sientan poderosas y otras se sientan débiles. Este juego de poder hace que el capitalismo siga siendo rentable. Pero cuando uno se vuelve espiritual, se libera de los grilletes de este tipo de condicionamiento. Cuando aterrices en un camino espiritual que sea adecuado para ti, o incluso mientras estés explorando qué camino te conviene más, necesitarás volver a tus raíces. Debes ponerte en contacto con tu realidad, porque todas las soluciones residen en tus raíces. No es necesario que busques la luz en ningún otro lugar.

Cuando tus conceptos erróneos acerca de la espiritualidad empiecen a desvanecerse, te quedarás desnudo, solamente con lo real. No hay ningún tatuaje, collar de cuentas, pantalón de yoga o pulsera que te pueda mostrar la luz espiritual. Dejarás de depender de cualquier accesorio y verás la vida a través de una lente clara. Serás tu yo auténtico.

Con los ingredientes adecuados, la semilla de la conciencia te ayudará a crecer maravillosamente bien. Puede haber complicaciones a lo largo del camino, pero nada que no pueda solucionarse con tiempo y perspicacia. El hecho de ser espiritual atraerá a personas auténticas y mejores circunstancias a tu vida. Obtendrás asistencia cósmica cuando tus vibraciones comiencen a cambiar a una frecuencia más alta.

Todos estos beneficios se manifestarán cuando, sencillamente, seas tú mismo.

EJERCICIO	DESCUBRE TU AUTENTICIDAD

Mírate en el espejo. ¿Qué llevas puesto que te hace sentir como un buscador espiritual? ¿Una camiseta con la imagen del Buda? ¿Un bonito collar de cuentas? ¿Pulseras? ¿Algún otro accesorio que esté de moda en Twitter? Cualesquiera que sean tus accesorios espirituales, dales un descanso durante un mes por lo menos. No compartas ninguna cita espiritual en las redes sociales o hables acerca de lo espiritual que eres. Invierte toda tu energía en la espiritualidad práctica, como meditar dos veces al día o practicar el perdón.

También te sugiero que socialices con personas que desafiaron tus emociones en un cierto momento de tu vida. Encuéntrate con ellas y observa lo que te pasa por la mente. Aquellos que nos generan incomodidad pueden ayudarnos a llegar a un nivel más profundo de autocomprensión. Nos dan la oportunidad de ver nuestras reacciones más claramente. Cuando eso sucede, podemos descubrir nuestro yo verdadero, que es más profundo que esas reacciones.

NORMA 2

LA ESPIRITUALIDAD EXIGE MUCHO TIEMPO

Como cultura, estamos apegados a la creencia de que si un tratamiento o proceso no parece aportar resultados rápidos, debemos evitarlo. Además, la gente tiende a pensar que cultivar la espiritualidad acaparará gran parte de sus días. Esta creencia puede hacer que evitemos comprometernos con un camino espiritual.

Cuando miramos el calendario en nuestros teléfonos, estamos mirando al pasado o al futuro. También definimos el tiempo en relación con lo que ocurrió o con lo que ocurrirá. Siempre parece haber una carrera hacia el futuro o un arrepentimiento por el pasado. A menudo no hacemos ningún esfuerzo para experimentar el presente. La verdad es que si no estamos conectados con el presente, todo parece consumir demasiado tiempo.

Nuestra vida diaria también nos ha condicionado a actuar solamente en aras de un cierto fin, como lavar los platos para servir en ellos la comida o trabajar para ganar dinero. Pero en la meditación se nos pide que no hagamos otra cosa que «ser». Al principio, el solo hecho de ser produce una sensación incómoda en el cuerpo, porque hemos sido adiestrados para estar siempre en movimiento, tanto física como mentalmente. ¿No es lamentable que tengamos que luchar tanto para encontrar la paz en nuestro interior? Estas dificultades son el resultado de pensar que la conexión espiritual es algún tipo de meta que necesitamos «alcanzar».

Esto me recuerda una hermosa historia sobre un hombre que estaba siempre en movimiento, buscando. Había leído toneladas de escrituras y libros, y era conocido en la sociedad como alguien muy inteligente. Era como si llevara una corona invisible en la cabeza. Pero no sentía que ninguno de sus conocimientos le hubiera ayudado a alcanzar la paz y la felicidad, por lo que decidió buscar a un gurú que lo ayudase a embarcarse en un viaje espiritual auténtico. Consultó a miles de personas, a las que preguntó dónde podía encontrar al gurú más auténtico. Mucha gente le sugirió un lugar en particular, y llegó hasta ahí. Encontró a un hombre sentado bajo un árbol, cantando y bailando con sus propias canciones.

—¡Eh, tú! —dijo el erudito—, ¡necesito tu ayuda!

—¡Hola, hermano! —El hombre sonrió y lo saludó como si hiciera siglos que lo conociera—. Dime, amigo mío, ¿cómo puedo ayudarte?

El erudito se sintió un poco incómodo con los gestos excesivamente agradables del hombre, pero le preguntó dónde podía encontrar a un gurú. El hombre le respondió:

—Lo encontrarás cerca de un lugar donde los pájaros están piando y las flores se están abriendo. Está rodeado de verdes árboles frondosos. Lo encontrarás ahí, celebrando la vida. ¡Ese es el hombre que estás buscando!

El erudito tomó nota del consejo del hombre y se alejó. Agotado tras varios meses de viaje, llegó a un lugar que parecía muy similar al que le había descrito el hombre sentado bajo el árbol. El erudito rompió a llorar; sintió como si hubiese hallado algo muy valioso. Vio a un hombre mayor que sonreía y parecía perdido entre sus propios pensamientos. El erudito se precipitó hacia él.

—¡Caramba! ¡Aquí está usted! —exclamó—. ¡Le he estado buscando!

El hombre mayor miró al erudito, más joven, y lo abrazó.

—Descanse —dijo—, hablaremos más tarde.

—¿Le he visto antes? —preguntó el erudito—. ¡Me resulta familiar! Espere, ¿es usted el hombre al que conocí hace unos meses? Dios mío, ¿estoy en el mismo lugar en el que estuve hace meses?

—Sí, amigo mío —dijo el anciano riendo—, ¡parece que ya lo recuerdas todo!

—Entonces, ¿por qué no me detuviste antes? —preguntó el erudito entre lágrimas—. ¡Deberías haberme dicho que te había encontrado!

—Te lo dije —aseveró el hombre—; incluso describí el lugar exacto en el que te hallabas. Pero estabas demasiado ansioso por perseguir algo que estaba delante de ti, en el futuro, en lugar de encontrarlo en el momento presente. Tu mente no estaba lista para encontrar tan fácilmente el ahora; quería añadir su propio sentido del tiempo y utilizar todo el conocimiento que había acumulado a lo largo de los años.

ROMPE LA NORMA

LA LUZ ESPIRITUAL PUEDE ALCANZARTE EN UN ABRIR Y CERRAR DE OJOS

La realidad es que las verdades espirituales están vivas ahora, en este momento. Nuestra mente condicionada y presa de los hábitos es la que nubla nuestra capacidad de experimentar lo divino ahora mismo. Es también la que nos engaña haciéndonos creer que debemos implicarnos en algún proceso complejo para encontrar a Dios, un proceso de muchos años de adquisición de nuevos conocimientos y técnicas.

La meditación es la mejor manera de traspasar estas confusiones. Nos ayuda a detenernos y mirar lo que está justo delante de nosotros por medio de desplazar nuestra atención del parloteo (los ciclos de reacción a lo que se interpone en nuestro camino) a lo que está disponible en este instante.

En el momento presente no se lucha con el tiempo. En la meditación, no hay ciclos de tiempo. El tiempo es casi irrelevante cuando te hallas sumido en una meditación profunda. Muchos buscadores se sientan a veces durante horas y sienten como si solo hubiesen pasado unos minutos. En otras ocasiones se sientan unos minutos y sienten que ha transcurrido una eternidad.

Se necesitan meses para construir una casa, pero solo un momento para entrar en ella y empezar a llamarla «mi hogar». En ese caso, ¿por qué no empezamos a vivir allí antes? Porque la demolición de la construcción anterior y la edificación de la nueva no lo permitían. Ocurre lo mismo con nuestros hogares interiores: necesitamos demoler lo que nos han ejercitado a creer para que lo *real* pueda manifestarse.

De la misma manera, si recibimos demasiada información sobre conceptos espirituales, nuestras mentes nos dirán que tenemos que dedicar años a adquirir más. Recomiendo a los buscadores que eviten leer demasiado acerca de temas como la *kundalini*, los chakras, la meditación, los mantras, etc., y se centren en practicar. Estos elementos meditativos hay que experimentarlos, más que leer sobre ellos. Si tratamos de comprender conceptualmente toda la información que hay, ¡nunca conseguiremos asimilarla por completo en esta vida! En estas enseñanzas sagradas, si nos atenemos a lo que sentimos y a lo que somos, seremos capaces de cambiar nuestra realidad de una manera más profunda.

La información espiritual misma puede engañarnos. Quizá no haga más que añadirnos más capas de condicionamiento. Por ejemplo, leemos que una persona iluminada ve una luz azul cuando medita. Pensamos que si no vemos una luz azul nuestra meditación no está yendo bien. Nuestra mente puede decir: «Tal vez si practico durante diez años más acabaré por ver una luz azul».

¡Olvídate de la luz azul! Ningún esfuerzo espiritual se pierde. Son solo nuestras mentes, que nos dicen que estamos lejos de una meta, las que nos impiden reconocer que cualquier color o cualquier tipo de luz espiritual puede acudir en un abrir y cerrar de ojos. Una vez que lidiemos con nuestras mentes condicionadas, el resto será fácil.

EJERCICIO   EXPERIMENTA LA INTEMPORALIDAD

Piensa en tu pasado y anota los cinco primeros pensamientos que se te ocurran. A continuación, concéntrate en tu futuro y anota los cinco primeros pensamientos que te vengan a la mente. Observa todo ello cuidadosamente.

Ahora, anota todos los pensamientos que están en tu mente en el momento presente. Si no acuden, no te preocupes.

Pasa a adoptar una postura de meditación. Haz algunas respiraciones profundas.

Lleva la atención al corazón y empieza a entonar «OM», lentamente. Puedes recitarlo en voz alta o en silencio, pero te recomiendo que empieces pronunciándolo despacio. A medida que avances con la práctica, comienza recitándolo lentamente y después hazlo cada vez más rápido.

Después de repetir el OM unas cuantas veces, evoca los pensamientos del pasado que has escrito. Uno a uno, libera cada pensamiento al universo. Confía en que el universo los enviará adondequiera que necesiten estar.

Repite el mismo proceso con los pensamientos acerca del futuro.

Ahora, vuelve a llevar la atención al presente. Vuelve a respirar profundamente.

NORMA 3

LOS SERES HUMANOS NO MERECEN EL AMOR DIVINO

El amor es el sanador espiritual supremo. Una dosis de amor es infinitamente mejor que cualquier medicación. Cuando nada funciona, el amor hace maravillas. Pero cuando un ser humano se siente rechazado por otro ser humano, puede buscar consuelo en lo divino, puesto que la gracia divina es lo que nos mantiene en marcha. Imagina, sin embargo, que esta puerta también esté cerrada.

Las autoridades espirituales pueden convencernos de que no somos dignos del amor divino. Aseguran que para ser dignos del amor divino y poder acceder a él necesitamos purificarnos o adoptar ciertos comportamientos. Y ¿quién tiene la llave de esta purificación y estas conductas? ¡Estas autoridades, por supuesto! Muchos maestros tradicionales y modernos han realizado una extraordinaria labor a la hora de convencer a sus estudiantes de que ellos son la única vía por la que podrán alcanzar la gracia divina. Afirman que los humanos no podemos llegar a Dios por nuestra cuenta y que necesitamos las técnicas de meditación, las secuencias de yoga y los procesos que prescriben. Estas técnicas nos pueden «arreglar».

No niego que muchos maestros espirituales se esmeran en guiar a los buscadores. Pero cuando los líderes públicos que están explotando a sus seguidores envían el mensaje de que los humanos no son dignos del amor divino cuando sí lo son, de forma natural e inherente, nos hacen un muy flaco favor a todos. Perpetúan la creencia de que Dios está por encima de la raza humana y de que nuestra naturaleza está separada de la divina. Se nos enseña que somos incompletos y que hay algo vil en nosotros, aunque solo seamos seres humanos. Por lo tanto, necesitamos un maestro ubicado en lo alto de un pedestal para que nos dé lo que nunca podríamos hallar por nosotros mismos.

ROMPE LA NORMA

LOS SERES HUMANOS SON MERECEDORES DEL AMOR DIVINO

Rabindranath Tagore, ganador del Premio Nobel de Literatura, dijo en una ocasión: «Cada niño viene con el mensaje de que Dios aún no está desencantado con el hombre». La verdad es que la divinidad ama. Y el amor es la divinidad. Nacemos sabiendo esto. Y si bien nuestras mentes aprenden a etiquetar, dividir y clasificar el amor, la divinidad no conoce divisiones. No hay colores, castas o religiones en el plato divino. ¡La divinidad lo ama todo incondicionalmente, incluido tú!

Necesitamos desechar sin temor el pensamiento de que la divinidad no cree que seamos dignos de su amor. Si estamos respirando todos los días, si somos capaces de expresar gratitud todos los días, si tenemos la capacidad de abrazar a alguien y decirle «te quiero», somos amados por la divinidad. No dejes que nadie te diga lo contrario.

Sé que esto puede sonar demasiado simple para ser verdad. O acaso creas que es imposible que llegues a experimentarlo. La paradoja es que el amor de Dios es tan simple, tan cercano, que no necesitamos ir a la búsqueda del tesoro para encontrarlo. En lugar de ello, debemos centrarnos en percibir —y desechar— cualquier pensamiento que nos diga que el amor de Dios no está con nosotros.

Si estás pasando por una situación difícil, no culpes a Dios por ello. La divinidad no cambiará tus situaciones dolorosas, porque lo que quiere es que cambies *tú*. Hay mensajes y transformaciones esperando desplegarse en ti. Lo que llamamos *dolor* es una sanación disfrazada; no es nunca la prueba de que Dios no nos ama.

No existe una fórmula mágica que pueda llevarnos a darnos cuenta de que cada uno de nosotros es profundamente amado. Algunas personas pueden oír ese mensaje una vez y saber que es verdad en sus corazones. Otras necesitan escucharlo repetidamente. Y otras precisan experimentarlo por sí mismas, e incluso pedirle a la divinidad una señal de su amor. Sea lo que sea lo que hagamos, cuando tengamos la intención de conocer el amor de Dios, nos será revelado. Así pues, si sigues albergando dudas acerca de lo digno que eres, proponte ser consciente de que estás infinitamente sostenido e incondicionalmente apoyado.

Este amor es el fundamento de toda búsqueda espiritual. Si tienes un solo objetivo en tu camino, que sea saber que eres digno del amor divino, ocurra lo que ocurra.

QUÉ SUCEDE CUANDO ACEPTAMOS QUE SOMOS AMADOS

La vida se transforma cuando descubrimos nuestra dignidad inherente y cuando nos percatamos del amor infinito que está disponible para nosotros. Estos son algunos resultados específicos que podemos esperar:

Aceptación

Ya no nos sentiremos descuidados o marginados por Dios. Nos sentiremos aceptados y reconocidos por lo que somos. Esto nos conducirá a una conciencia elevada y una actitud valiente en relación con cualquier tarea que emprendamos. Ser aceptados por lo divino es la única aceptación que necesitamos.

Sanación

¿Cuándo fue la última vez que experimentaste una sanación en profundidad? Todos tenemos nuestras cicatrices y heridas, y nos encanta ocultarlas, como las mujeres que mantienen sus joyas encerradas en una caja fuerte, lejos de la mirada de todos. Esta represión no hace más que intensificar la agonía. El amor es la cura definitiva para estas heridas. En los momentos de meditación, deja que salga todo. Permite que todo tu dolor y quebranto sea sentido por el flujo invisible e inalterable de la gracia divina que acude a ti. No puedes predecir cómo será la sanación, pero tendrá lugar.

Orientación

El miedo y la negligencia que experimentamos en nuestras vidas hacen que confiemos poco en nosotros mismos. Cuando tenemos miedo o nos sentimos inseguros, tendemos a manejarnos mal y a tomar decisiones equivocadas. Pero cuando sabemos que se nos está guiando, no tenemos dudas: damos cada paso confiando en que el siguiente ya ha sido previsto. La orientación viene a nosotros de muchas maneras; puede llegar a través de un profesor, un amigo, un extraño, un libro que has acabado de comprar, o incluso en sueños —yo la he recibido en sueños muchas veces—. La orientación está disponible de muchas formas; es nuestra conciencia la que debe abrirse. Cuando sabemos que somos amados, podemos confiar en la guía que nos llega, incluso si no la entendemos de inmediato.

Liberación

Saber que somos amados nos libera de actuar a pequeña escala, a partir del temor de que nuestras acciones no importan. Podemos levantar la cabeza e implicarnos activamente en aquello en lo que creemos. Comenzarás a desarrollar la autoestima —y no el ego— a medida que tu conciencia evolucione. En ese momento serás libre de seguir tu verdad y tu propósito.

Optimismo

Es la esperanza la que nos mantiene en marcha durante los tiempos difíciles. Donde no hay esperanza, hay muy poco por lo que vivir. Cuando nos encontramos en el refugio divino, no solo estamos esperanzados, sino también confiados. Paso por momentos en los que no tengo ni idea de lo que sucederá a continuación, pero la asociación que tengo con Dios me aporta mucha esperanza. La vida se presenta con una calidad diferente cuando tenemos la esperanza de que ocurran milagros.

Seguridad

No sentirse querido genera inseguridad como ninguna otra cosa. Al crecer entre maestros espirituales, he visto a muchas personas llorar como bebés después de haber sido abrazadas o de haber adquirido la seguridad de que son queridas. Su inseguridad las hizo pasar apuros, y al recibir un abrazo —en lo más profundo de su alma— se desvanecieron sus preocupaciones. La seguridad proporcionada por lo divino es la más potente que existe. Puede darnos la confianza que necesitamos para mover montañas. La mayoría de los buscadores con los que trabajo son víctimas de la inseguridad que sembró en ellos un miembro de su familia o alguna otra persona significativa para ellos. Con la seguridad divina, tienes todo lo que necesitas; nunca vas a echar en falta la aprobación de nadie. No hay cabos sueltos en el mundo divino; todo está perfectamente orquestado. Tenemos la creencia de que somos defectuosos o, al menos, de que tenemos muy mala suerte. A medida que avanzamos hacia la comprensión de que el universo es perfecto en su totalidad, vamos adquiriendo la seguridad de que nunca va a faltar nada en el gran esquema de lo divino. Y puesto que formamos parte de este gran esquema, nunca les va a faltar nada a nuestras almas. Solo las voces de la inseguridad nos hacen sentir que no somos dignos. Pero la completud que viene de lo divino dice que tú y todos somos dignos. No necesitamos la aprobación de nadie. Nos damos cuenta de que estamos perfectamente a salvo pase lo que pase. Puedes alcanzar la plenitud por medio de meditar sobre esta completud.

EJERCICIO   DESCUBRE EL AMOR INCONDICIONAL

El mejor momento para realizar este ejercicio es temprano por la mañana. Escribe una intención en un papel. Asegúrate de que se trata de una intención práctica y de que puedes darle cumplimiento en dos o tres meses.

Conserva esta intención en tu altar o en algún lugar seguro.

Siéntate en silencio. Relájate. Sé plenamente consciente de tu respiración.

Lleva la atención al corazón y pon en él la intención que has creado.

Exprésale a la divinidad que si amas incondicionalmente se manifestará en un período de noventa días —o los que estimes oportunos, según cuál sea la naturaleza de tu intención.

Ahora, entrega la intención al universo con toda tu fe.

Haz esto cada día al menos durante cinco o diez minutos.

¿DIOS? 3

Al principio no tuve claro si debía usar la palabra *Dios* en este capítulo a causa de las numerosas interpretaciones a las que está sujeta. Pensé en seguir la línea de la Nueva Era y utilizar, en su lugar, los términos *divinidad*, *universo*, *energía* o *yo superior*. Pero después me di cuenta de que lo que quiero es que mis palabras te despierten. Si utilizo la terminología segura y aceptada, no estoy haciendo más que favorecer que te sientas cómodo con todas las versiones actuales de Dios. Así que uso la palabra *Dios* en todo el capítulo (y en todo el libro) para que podamos entenderlo en su totalidad.

Tampoco tenía claro qué pronombre usar. *Ella* o *Él* suponía un problema: circunscribirlo con nuestras limitadas etiquetas —un Dios masculino o femenino—. Por lo tanto, emplearé el pronombre *Ello* para referirme a Dios. Muchos maestros de la antigua India lo usaron a menudo, y lo encuentro muy apropiado.

La forma de designar esta fuerza espiritual en el mundo es solo uno de los muchos problemas que presenta la religión. Reproduzco a continuación una conversación que revela otro. Un día, estaba manteniendo una charla informal con Pandit Ji, un erudito sánscrito que realiza rituales en ocasiones especiales (*Ji* se utiliza habitualmente en la India como complemento respetuoso a un nombre).

—Pandit Ji, el mundo está hecho un desastre –le dije–. La gente no parece entender nada acerca de Dios, pero se inclinan todos los días en su nombre. Me parece muy inquietante.

—¡Qué le vamos a hacer, Chandresh Ji! –replicó–. La gente puede ser ignorante. Comprender a Dios es el propósito más importante de la vida.

—¡Exactamente! El otro día estaba tomando un café con un amigo. Es alguien muy conocido en la comunidad afroamericana, y le aprecio, pero me sorprendió cuando me dijo que Dios es negro. Pocos días después, un nuevo estudiante (blanco) se unió a nuestro centro de meditación y afirmó que Dios es blanco. ¡Es de locos!

Pandit Ji me respondió con calma y confianza:

—¡Ambos están confundidos, Chandresh Ji! –dijo–. Dios es marrón y lo sabemos. Sabes que la India tiene treinta y tres millones de dioses, ¿verdad? ¡No podemos estar equivocados!

¿QUIÉN ES DIOS?

La conversación anterior ilustra un problema que presentan las religiones. Cada religión del mundo propugna un conjunto de creencias acerca de quién es Dios, qué hace Dios y qué dice Dios. Cada una dicta cómo debemos pensar, sentir y comportarnos. Cualquier maestro o erudito que tengamos delante afirma tener «la razón». Y estos maestros ejercen una gran influencia en la comprensión que tenemos de Dios.

Cualquier persona puede crear y vender cualquier idea que desee acerca de Dios y animar a sus seguidores a que vivan sus vidas a partir de dicho concepto. Pero hacer esto es un enfoque muy peligroso. Genera confusión, dudas y conflictos. En lugar de escuchar a Dios por nosotros mismos, escuchamos a los maestros que dicen tener las respuestas. Si no nos gusta lo que afirman, vamos de un maestro a otro, pero nunca encontramos lo que buscamos.

Hoy más que nunca estamos expuestos a un diluvio de versiones de Dios en el «mercado religioso». El Dios que se «vende» hoy en día a menudo no es más que una droga psicológica que usamos para escapar de nuestras miserias. Visitamos templos e iglesias porque esperamos que eso nos traiga algo de paz. A menudo me encuentro con buscadores enojados que siguen a los gurús con el único objetivo de que les hagan el trabajo. Es como si dijeran: «Dame mi paz para que pueda irme a casa». Pero muchos siguen sosteniendo una lucha en su interior. Aún nos enojamos con el tráfico, aún nos preocupamos por las facturas, aún tenemos dificultades con las relaciones, etc.

El problema es que cuando vinculamos nuestra comprensión de Dios a lo que dice un maestro, una religión o un sistema de creencias, nunca tenemos una experiencia directa de Ello. Nuestra mente solo entiende lo que conoce; no comprendemos aún la esencia de lo desconocido. O bien creemos las cosas ciegamente o bien nos hacemos una idea de ellas a través de un conjunto definido de hechos e información que nos presentan los expertos. Aunque podamos tener una fugaz experiencia de paz cuando escuchamos a los maestros, no es más que una imitación de la verdadera paz.

LOS PROBLEMAS DE LA RELIGIÓN

La idea que tenemos de Dios acostumbra a proceder de las escrituras religiosas, de las cuales se ha extraído y a partir de las cuales se ha transmitido, de generación en generación, hasta que ha llegado a nosotros. Cuando nacemos, se nos pide que nos unamos a la religión que nuestra familia practica. Sin embargo, aunque nuestra familia pueda hacer esto con la intención de ubicarnos en el camino correcto, una comprensión estrecha puede hacer más daño que bien. Seguimos adorando al Dios que nos castigará, que nos recompensará y que nunca aparecerá delante de nuestros ojos. Cuando los adultos nos asignan una religión en nuestros años de formación, están poniendo límites a nuestra conciencia ilimitada. No seguimos nuestra curiosidad y no buscamos conocer a Dios de una manera personal, no vamos en pos de respuestas directas a nuestras preguntas. Es así como podemos encontrarnos espiritualmente impedidos desde el primer día en que se nos obliga a seguir una determinada religión.

Además, las religiones pueden perder su significado con el tiempo. Los padres transmiten sus interpretaciones a las mentes maleables de sus hijos, quienes a su vez transmitirán sus interpretaciones a sus propios hijos. A medida que cada generación toma el relevo, la comprensión religiosa va cambiando, en función de las circunstancias que viva esa generación. Cualquier verdad contenida en una tradición puede volverse confusa.

No estoy diciendo que la religión sea inherentemente incorrecta o perversa. Encuentro una enorme inspiración y un gran esclarecimiento dentro de mi tradición, la hindú. Estoy diciendo que la religión ha sido corrompida. Permíteme explicarlo por medio de una historia: cuando era estudiante universitario, mi profesor de psicología le pidió a la clase que hiciera un pequeño experimento. Susurró una frase secreta al oído del alumno que estaba al frente de la clase, y luego le pidió que susurrara la misma frase al alumno siguiente; y así sucesivamente. La declaración circuló por toda la clase —cien estudiantes—. El profesor eligió al azar a uno de ellos para que dijera la frase. Pues bien, lo que dijo el estudiante en voz alta no tenía nada que ver con lo que el profesor le había susurrado al primero.

A continuación el profesor eligió aleatoriamente a algunos otros alumnos para que revelaran el mensaje secreto. Solo el cinco por ciento de la clase, aproximadamente, sabía cuál era la frase original, mientras que el resto habíamos transmitido una versión mal interpretada de ella. Este experimento puso de manifiesto un error habitual en el comportamiento humano: el mensaje original tiende a perder su significado a medida que le vamos añadiendo nuestras propias aportaciones, hasta que el mensaje final diverge mucho del primero.

Con la interpretación de Dios ha ocurrido algo similar. Los maestros (Jesús, Buda, Krishna, Mahoma y tantos otros) hicieron una labor fantástica al señalar un camino hacia el descubrimiento de la verdad última (podemos llamarla Dios

83

o divinidad). Todos estos maestros llevaron a cabo un atrevido intento de expandir nuestras mentes. Me gusta ser optimista y creer que las religiones se crearon con la honesta intención de ayudar a la gente. Desafortunadamente, todas ellas han acabado convertidas en cuerpos de doctrinas místicas que tienen poco significado práctico para muchas personas, o ninguno.

¡UN DIOS SIN RELIGIÓN PUEDE SER LA SOLUCIÓN!

Esforzarnos para encontrar a Dios por nosotros mismos, prescindiendo de cualquier profesor o sistema de creencias, puede ser la manera más segura de descubrir lo que buscamos. Si no tenemos un contacto directo y personal con Dios, siempre sentiremos que nos falta algo. Dios será siempre un fenómeno externo y demasiado elevado para nosotros. Siempre estaremos inclinándonos delante de alguien reclamándole que nos proporcione un atisbo de Ello. Debemos ir más allá de nuestro yo físico condicionado para echarle un vistazo a la realidad más profunda de nuestra existencia.

Si yo tuviera mi método, pediría a todas las familias que les dijesen a sus hijos que meditasen sobre un Dios no vinculado a ninguna religión. De ese modo los niños podrían descubrir la presencia de Dios por sí mismos.

Lo cierto es que Dios se revela de innumerables maneras. Cuando un musulmán ora hacia La Meca, Dios está allí. Cuando una yoguini de la ciudad de Nueva York practica su saludo al sol, Dios está allí. Cuando un niño canta himnos de alabanza, Dios está allí. Las prácticas religiosas son portales, pero lo que se encuentra detrás de cada portal no puede reivindicarlo ninguna organización. Aquello a lo que estamos invitados en esta vida es a descubrir las formas en que Dios se revela a cada uno de nosotros —de un modo personal.

La mayoría de los cánones religiosos o de las tradiciones espirituales contienen cuatro tipos de elementos: historias contadas por escrito, imágenes representadas como arte, una filosofía y unas prácticas. De estos cuatro componentes, las prácticas son lo más importante, en mi opinión. El motivo de ello es que proporcionan una experiencia directa de Dios. Por supuesto, puedes tener una experiencia espiritual sin estar vinculado a ninguna tradición en absoluto, pero opino que la investigación directa es la razón de ser de todas las enseñanzas religiosas. También acostumbra a ser lo que más se pierde. Los maestros y las historias pueden proporcionarnos mapas, pero debemos efectuar la exploración por nosotros mismos.

En el Bhagavad Gita, las Sagradas Escrituras de los hindúes, a Dios se le denomina Saarthi, que significa 'capitán' o 'conductor'. Se traduce deliberadamente como 'capitán' para que el buscador entienda que puede conducir su vida en asociación con la gran inteligencia de lo divino, si lo desea.

La tragedia tiene lugar cuando leemos las escrituras pero no averiguamos por nosotros mismos si podemos confiar en Dios como nuestro compañero. No tenemos la suficiente fe en que Dios sea un buen conductor porque no lo experimentamos por nosotros mismos. Escuchamos la historia religiosa y creemos por un momento, pero luego olvidamos. Este ciclo no acaba nunca, porque las historias pueden distraernos de lo que estamos buscando. Las escrituras están destinadas a ayudarnos, pero a menudo no percibimos hacia dónde están apuntando todas ellas. En cuanto a la filosofía, podemos encontrarnos divididos entre muchas interpretaciones, lo cual hace que a menudo se pierda el mensaje real.

Para confiar en Dios, debemos verlo, oírlo y sentirlo cada día. Y para ello, antes necesitamos deshacernos de la programación religiosa que enturbia nuestra visión y produce distorsiones en nuestros oídos. Necesitamos separar a Dios de lo que se nos ha enseñado con el fin de poder establecer contacto con Ello por nosotros mismos. En este capítulo voy a exponer tres normas culturales que dan lugar a las mayores barreras que nos impiden ser conscientes de la verdad acerca de Dios. Cuando atravesemos estos obstáculos, tendremos la oportunidad de conocer a Dios de una manera inocente. ¡Ahí es donde empieza realmente la aventura!

NORMA 4
TANTO LOS CREYENTES COMO LOS NO CREYENTES ACEPTAN A CIEGAS

En lo que a Dios se refiere, el mundo puede dividirse fácilmente en dos grupos: uno que cree en la presencia de Dios o una energía superior y otro que no. Los que creen han construido organizaciones y comunidades, apoyan apasionadamente a sus religiones y participan en actividades que promueven a Dios, mientras que los que no creen comparten las investigaciones científicas llevadas a cabo por «expertos» en sus esfuerzos por probar que Dios no existe.

Estos dos grupos se conocen popularmente como creyentes y ateos, respectivamente, y sus proclamas los ubican en lados opuestos del campo de juego. Se llaman unos a otros «ignorantes» y muchos otros términos ofensivos. Siempre me divierto con sus debates (algunos pueden verse en YouTube). Lo que tienen de interesante las discusiones de estos dos grupos es que si bien usan un conjunto de palabras diferente para describir sus opiniones, ambos parten de un sistema de creencias. Mientras que un grupo cree que Dios existe y le atribuye toda la bondad y la maldad que hay en el mundo, el otro manifiesta el mismo grado de creencia, pero en el sentido contrario. Los ateos creen que Dios no existe y evitan cualquier referencia a Ello en sus vidas. Ambos grupos viajan en el mismo barco y flotan en la misma mentalidad; lo único que los diferencia es que reman en direcciones opuestas.

Nunca he visto un ganador en estos debates, porque nunca lo habrá. Ambos grupos creen, y un sistema de creencias hace lo que promete: te hace tener fe en ese sistema. Esta guerra de creencias ciega ha puesto al mundo en una seria «crisis divinal».

EL PROBLEMA DE LAS CREENCIAS

Las creencias tienden a malinterpretarse. Leemos o escuchamos algo que se «supone» que debemos creer, pero si no lo experimentamos, la creencia no es más que una habladuría. Voy a ahondar en esta opinión por medio de una historia: en la India, se consideraba un gran honor para una escuela verse homologada con las escuelas inglesas. Los alumnos eran entrenados rigurosamente para que mostrasen un rendimiento escolar que impresionara a los inspectores ingleses, con el fin de obtener la certificación.

En un aula, una maestra había escogido a sus mejores alumnos para que se exhibiesen en esa inspección crucial.

Uno de ellos, que mostraba ser siempre el mejor de la clase, fue elegido de antemano para que respondiese a la pregunta: «¿Quién te creó?». La intención que había detrás de esta pregunta era demostrar que los estudiantes estaban muy versados en filosofía y religión.

Al alumno elegido se le había indicado que levantase la mano con naturalidad y respondiese con entusiasmo: «¡Me creó Dios, maestra, y estoy muy agradecido!».

Llegó el día de la inspección. Todos los miembros de la dirección y del personal de la escuela estaban emocionados, aunque temblaban presas de los nervios. Todo iba bien hasta que ocurrió algo inesperado. El alumno destacado que había sido elegido para responder a la pregunta sobre Dios enfermó y no pudo ir a la escuela. Nadie se dio cuenta de que no estaba allí. La maestra fue mostrando a las autoridades, complacida, que los alumnos estaban muy preparados en todas las materias académicas. Finalmente, como estaba planeado, hizo la última pregunta:

—¿Quién te creó?

La maestra escudriñó rápidamente el aula para encontrar al estudiante elegido. Un poco nerviosa, repitió la pregunta en voz alta:

—¿Quién te creó?

El aula estaba tan en silencio que se habría podido oír la caída de un alfiler. De nuevo, nadie contestó. La situación empezaba a ser embarazosa y la maestra estaba incómoda. Otro buen alumno detectó su nerviosismo y decidió levantar la mano.

Ella, aliviada, sonrió:

—¡Oh, sí, por favor, adelante! —exclamó.

El estudiante respondió tranquilamente:

—El alumno que fue creado por Dios está enfermo hoy. No ha podido venir.

Al estudiante que habló se le enseñó lo que debía creer de memoria. Y al carecer de una experiencia que respaldase esa creencia, obtuvo la información equivocada. Esta es nuestra historia. Se nos da cierta información acerca de Dios y se nos dice que la creamos. De esta manera, nuestros conceptos acerca de Ello no están enraizados en nada sustancial y pueden ser malinterpretados. Pueden darnos una falsa sensación de seguridad. Incluso pueden engañarnos para que pensemos que entendemos a Dios sin habernos encontrado con Ello cara a cara.

Si seguimos creyendo o no creyendo en Dios, no dejaremos de vivir una vida superficial llena de dificultades y temores. Esto es así porque vivir en estados de creencia e incredulidad no hace más que disimular nuestras heridas. No transforma nuestros aspectos ocultos, como el miedo, la avaricia, la lujuria y otros por el estilo. Puede ser que experimentemos una sensación momentánea de alivio cuando pensamos en nuestras creencias. Esto es así porque a la mente le encanta tener certezas, seguir el hilo de argumentos que parecen lógicos. Y cuando la mente se relaja, el cuerpo puede relajarse. Este proceso tal vez se confunda con la paz real. Podemos pensar que hemos sanado. Pero cualquier sensación de alivio procedente de las certezas de la mente es solo una muy pequeña parte de la sanación que puede traer el hecho de conocer realmente a Dios. ¿No preferirías tener lo real?

ROMPE LA NORMA

DIOS ESTÁ MÁS ALLÁ DE QUE SE CREA EN ELLO O NO

El conocimiento de Dios atañe a todo nuestro ser. La verdadera sanación requiere una confianza inquebrantable en la vasta y divina presencia que está dentro y fuera de cada uno de nosotros. Esta es la única cura que hay para el sufrimiento. Y ninguna creencia puede darnos esta confianza.

Dios es una experiencia profunda. No es algo que deba ser probado, sino un fenómeno que descubrir. Para ir más allá de la creencia o la incredulidad, debemos buscar a Dios sin «saber» nada. Debemos admitir que no tenemos las respuestas, sea lo que sea lo que nos hayan enseñado a creer. Solo entonces podremos estar verdaderamente abiertos.

La mayoría de las personas evitan este estado de apertura. Cuando finalmente estamos dispuestos a soltar nuestras creencias, somos vulnerables. Nuestras creencias son ilusiones que parecen protegernos de lo desconocido, de modo que soltarlas puede ser aterrador. Pero es el único camino.

Para estar abierto, no emprendas este viaje con la creencia de que Dios existe o de que no existe. Empieza con el objetivo de encontrarlo. Si no encuentras nunca a Dios, no lo conviertas en un drama; no has cometido un pecado por el hecho de no poder sentir su presencia. Un pez está siempre en el agua; si creo una religión que glorifica el agua, y hago que esta se vea como un cuerpo inaccesible, no puedo culpar al pez si muere sintiendo que nunca fue capaz de entender nada sobre el agua. El dilema del buscador espiritual no es menor. Lo divino nos rodea, pero nos hacen sentir que somos demasiado estúpidos para entenderlo o sentirlo. Intenta sumergirte, a conciencia, en la presencia que te rodea. No hay necesidad de buscar ningún resultado. Dios podría entrar por la ventana que dejaste abierta. Lo que lo invita a entrar es soltar las creencias de ambas caras de la moneda.

Según mi experiencia con los estudiantes, si no eres capaz de encontrar a Dios experimentarás frustración y dolor, pero este dolor será de algún modo una bendición encubierta. Te recordará que tienes que seguir caminando. Tu sed aún no ha sido saciada.

No te conformes con menos que con la experiencia directa de Dios. El mejor camino que he encontrado para acceder a Ello es el de la meditación. La meditación nos lleva al estado de apertura que se requiere. La razón es que, en el proceso de relajar nuestros pensamientos y crear el vacío interior, la meditación limpia las creencias que se han acumulado en la lente de nuestra percepción. Con una lente clara, podemos ver a Dios en cada momento. Más que cualquier otra práctica, la meditación diaria, que dirige la atención hacia el interior del alma, nos pone en contacto directo con Dios. La meditación nos muestra que Dios está más allá de que se crea o no en Ello.

¡Por lo tanto, nada de lo que te diga acerca de Dios te hará ningún bien! No quiero añadir otra creencia a tu lista. Ve a meditar. Después vuelve y dime lo que has encontrado.

No esperes librarte de tu conciencia condicionada en cuanto a encontrar a Dios en tan solo unos días. Está tan profundamente arraigada en nosotros que tardarás un tiempo en empezar a tener experiencias más profundas. Pero si meditas con la sed de conocer a Dios, se te revelará. ¡Persevera!

MEDITACIÓN PARA TENER
UNA EXPERIENCIA DIRECTA DE DIOS

Esta meditación te invita a llevar la atención a cada zona del cuerpo, y después a soltarlo todo para descubrir a Dios. Está dirigida a ayudarte a ver que no eres tu cuerpo, si bien tienes uno que te sirve de vehículo físico. Cuando eres capaz de entregar tu cuerpo, puedes llevar tu conciencia al estado puro de la presencia de Dios.

Trata de realizar la siguiente meditación en la naturaleza, en un espacio silencioso, con pocas personas alrededor. Lleva puesta una ropa suelta y que sea la mínima posible, para permitir que tu piel respire. Recomiendo que esta meditación se practique bajo la dirección de un maestro espiritual cualificado, al menos las primeras veces.

Cierra los ojos y haz algunas respiraciones profundas. Siéntate con la espalda erguida y con las palmas hacia arriba.

Lleva la atención a las piernas. Siente una corriente de energía en la pierna izquierda que avanza hasta la derecha. Si no sientes esta energía, imagina que la sientes. El hecho de imaginarlo te aportará los mismos beneficios, y con el tiempo probablemente sentirás dicha energía. Haz esto durante dos o tres minutos.

Lleva la atención a la pelvis. Indúcete una sensación de liberación y suelta toda la represión que mantienes en ella. Haz esto durante dos o tres minutos.

Con suavidad, lleva la atención al ombligo. Cuando estabas en el vientre de tu madre, recibiste toda tu energía a través del ombligo. Reconoce su poder y siente el vacío en él. Sumérgete en este vacío. Haz esto durante cinco minutos.

Lleva la atención al corazón. Observa todas las emociones que pasan por él. No juzgues ninguna de ellas; limítate a experimentarlas. Haz esto durante dos o tres minutos.

Ahora, sintiendo más profundamente tu ser físico, desapégate suavemente del cuerpo. *No eres tu cuerpo. Tienes un cuerpo.* Medita sobre este pensamiento y entrégate al cielo infinito o al escenario natural que te rodea; deja que tome todo tu ser. Permítete sentirte totalmente suelto. Permanece en este estado hasta que tengas ganas de levantarte. Al ponerte de pie y empezar a realizar cualquier actividad física, observa cada parte de tu cuerpo. Percibe lo sano que está y agradécelo. Sentir además los latidos del corazón también es muy beneficioso.

NORMA 5

DIOS TIENE UN SISTEMA DE CASTIGOS Y RECOMPENSAS

El huracán Sandy golpeó Nueva York en octubre de 2012. Yo estaba en San Diego en esos momentos, pero la bandeja de entrada de mi teléfono se vio rápidamente inundada de imágenes de árboles gigantes caídos sobre nuestra casa, en Long Island. La casa quedó tan dañada que tuvimos que alojarnos en otro lugar durante casi diez meses antes de poder regresar a ella. Cuando volví a Nueva York, todo el mundo decía que habíamos sido víctimas de un «acto de Dios brutal». En el centro neoyorquino de *Break the Norms* me encontré con María, que forma parte del personal de limpieza. No la había visto desde hacía un tiempo, así que le pregunté si las cosas habían vuelto a la normalidad, en su caso, después del huracán.

—Oh, sí, estamos bien –respondió–. Pero el Gran Padre está enojado. No le gustamos y ahora nos castiga con huracanes.

No era la primera vez que oía a alguien culpar a Dios por un desastre. Cuando mi hermana falleció a los diecinueve años, muchos adoradores de Dios afirmaron que se trataba de una injusticia. Momentos como estos pueden hacer tambalear la fe. Permanecí en silencio después de la muerte de mi hermana; no lloré en su funeral. Pero casi una semana después, fui a la terraza y lloré de corazón mientras culpaba a Dios. Sentí que me había traicionado. En esos momentos, la creencia cultural de que Dios nos premia y castiga tiñó mi proceso de duelo. Afortunadamente, mi práctica meditativa acabó por ayudarme a ver más allá de esta creencia.

Como consejero espiritual, me hacen estas preguntas una y otra vez: ¿por qué permite Dios tanto sufrimiento? Y ¿por qué no puede acabar con injusticias como la corrupción, la guerra y el sinfín de enfermedades que acontecen en este mundo?

En un esfuerzo por responder a estas grandes preguntas, los seres humanos han concebido argumentos a través de los tiempos. Estos argumentos, y las creencias requeridas para demostrarlos, se transmiten de generación en generación, y este es el principal problema que presentan estos razonamientos lógicos. Son productos de la programación inconsciente que nos imbuyen desde la infancia. Nuestros padres también crecieron experimentando las recompensas y los castigos por parte de sus padres y profesores.

Cuando los adultos encuentran que es demasiado duro castigar a los niños, acuden a un tercer elemento: Dios. Dios es utilizado para asustar a los más pequeños ante la comisión de cualquier falta, y ellos, que son el mañana de cada generación, pasan a formar parte de la multitud temerosa de Dios. Y traspasan el mismo miedo a la siguiente generación.

A medida que me he ido encontrando con personas de distintas religiones, he ido advirtiendo que sus ideas acerca de Dios les inducen miedo en el corazón. La gente parece temer más a Dios que amarlo. Los buscadores siguen haciendo todo lo posible para evitar el castigo de Dios y obtener más recompensas, tal como aprendieron de sus padres y profesores. Puesto que han interiorizado este sistema, pueden experimentar culpa, lo que les hace pensar que merecen ser castigados. Y muchos permanecen en una zona de confort caracterizada por la ignorancia. Aceptan estos sistemas sin cuestionarlos.

Aquellos que parece que se benefician de este circo son los «justos» que siguen fomentando estas actitudes. Pero si tememos a Dios, lo mantenemos alejado de nuestros corazones. ¿Por qué querríamos conocer a esta figura dura y castigadora?; no parece haber ninguna razón para buscar su presencia. Sin embargo, como he dicho antes, si no descubrimos a Dios, permaneceremos atrapados en nuestros sufrimientos. Para erradicar del mundo las creencias que tenemos acerca del carácter punitivo de Dios, debemos renovar todo el alambrado de nuestra conciencia; toda la estructura debe ser desmantelada.

ROMPE LA NORMA

DIOS NO APLICA NINGÚN SISTEMA DE CASTIGOS O RECOMPENSAS. LO HACEMOS NOSOTROS

Dios no es una persona o un objeto que se preocupe por lo que hacemos y lo que dejamos de hacer. No tiene una lista de deseos que debamos satisfacer. Los códigos de moral que seguimos los ha creado el hombre, con el fin de establecer la paz y la armonía. No estoy en contra de estos códigos, pero rechazo la forma en que se atribuye a Dios su autoría exclusiva.

La pobreza, la corrupción, las guerras y todas las demás escenas perturbadoras que vemos en el mundo se deben al hombre. ¿Por qué implicamos a Dios?

Considera el tema del calentamiento global. La ciencia ha demostrado que el cambio climático se debe a la quema de combustibles fósiles. Si seguimos usando productos y llevando a cabo actividades que aumentan el calentamiento global, no podemos culpar a Dios por los desastres que ocurren.

¿De qué más culpas a Dios? ¿De las violaciones? ¿De las matanzas? ¿De los secuestros de aviones? Se trate de lo que se trate, la única fuerza que hay detrás de estas acciones son mentes humanas perturbadas.

Es limitante ver a Dios como un hombre en las nubes que lo controla todo, al que poder culpar cuando las cosas van mal. ¡Esto es demasiado fácil! Hacerlo nos permite renunciar a nuestra responsabilidad por nuestros propios comportamientos. Si podemos culpar a Dios, nunca tenemos que examinar nuestras propias mentes perturbadas. No obstante, en lugar de culparlo, todos estaremos mucho mejor si *trabajamos con Dios* para aportar sanación al planeta y sanarnos a nosotros mismos.

No cometemos pecados por los que merezcamos ser castigados. Cuando cometemos un error, todo lo que ocurre es que no hemos utilizado toda la sabiduría que tenemos a nuestro alcance. Cuando busquemos conocer a Dios, nos daremos cuenta de que nos creamos nuestro propio daño y nuestro propio sufrimiento. No hay ningún motivo por el que Dios deba castigarnos; ¡ya nos castigamos lo suficiente a nosotros mismos! Lo que necesitamos hacer es aceptar nuestros comportamientos problemáticos y meditar sobre nuestros puntos fuertes para transformar dichos comportamientos.

DIOS ES LA SOLUCIÓN, NO EL PROBLEMA

En el espacio de la gracia de Dios, podemos ir más allá del sistema de castigos y recompensas —ya sea administrado por un hombre en las nubes, ya sea que nuestras propias mentes lo controlen—. Hacerlo nos permite ver nuestros defectos como aquello en lo que necesitamos cambiar, no como sentencias que demuestran que somos «malos».

Cuando invitamos a Dios a que nos ayude, ocurre algo asombroso: nos liberamos de la culpa que nos hace sentir el paradigma del castigo y la recompensa. Libres de toda culpa y vergüenza, podemos usar nuestra fuerza vital para llevar a cabo acciones saludables, como hacer voluntariado en un grupo de defensa del medio ambiente, convertirnos en buenos sanadores, enseñar la compasión a nuestros hijos o meditar más a menudo. Nuestro ejemplo se extenderá a los que nos rodean; la conciencia de Dios es contagiosa.

Dios es una existencia que fluye —o que al menos pretende fluir— a través de todos nosotros. Depende de nosotros aprovecharla o ignorarla. Dios puede invitarnos a experimentar su presencia, pero en última instancia depende de nosotros elegirle. Esto no es un dilema moral, sino la decisión de responder a la llamada a una vida mejor. Aunque nuestro comportamiento seguramente ocasionará más problemas si no estamos con Dios, Ello no nos castiga.

EJERCICIO	ERRADICAR LAS CREENCIAS SOBRE LOS CASTIGOS Y LAS RECOMPENSAS

Este ejercicio está destinado a poner de manifiesto tus creencias acerca de los castigos y las recompensas —e invitar a Dios a borrarlas—. Trata de abordarlo con sentido del humor, sin ponerte serio. Suelta tus juicios y apegos con respecto a su significado. Contempla la vida como un juego o una obra de teatro.

Haz una lista en tu cuaderno de todo aquello en relación con lo cual te sientes culpable.

Luego, anota todos los pensamientos que surjan que tengan relación con verte castigado por lo que has escrito en la lista. Ahora deja de lado la lista y adopta una postura de meditación confortable. Concéntrate en la respiración. Proponte que tu meditación erradique cualquier creencia que sea falsa.

Medita en esto un mínimo de veinte minutos.

NORMA 6

DIOS SOLAMENTE ESTÁ EN LOS TEMPLOS

Los intereses religiosos y el *marketing* de los llamados líderes espirituales me divierten. No solo han hecho de Dios un elemento inaccesible para los buscadores, sino que a menudo predican que vive lejos, en templos exóticos. Y, por lo general, estos maestros pueden llevarte a dichos sitios sagrados, ¡a cambio de una pequeña fortuna!

Es dañino asumir la creencia de que Dios vive en lugares sagrados pero que está ausente de nuestros hogares, de nuestras propias comunidades. Eso implicaría que no puede existir dentro de nuestros propios corazones. ¡Sería demasiado fácil, Dios estaría demasiado cerca! Creemos que debemos llevar nuestros cuerpos de un lugar a otro «ahí fuera» para lograr algo que está lejos de nuestras vidas cotidianas.

ROMPE LA NORMA

DIOS ESTÁ EN TODAS PARTES, EN TODO

Cuando un buscador me pregunta dónde está Dios, le respondo con otra pregunta: «¿Dónde no está Dios?». Dios no está en el futuro ni en el pasado. Existe en este mismo momento. Dios no es un fenómeno que haya que buscar en alguna parte. No necesita que lo encuentres en contextos rituales o en algún lugar lejano. Solo necesita que lo descubras dentro de ti.

Así como la buena salud aparece cuando se erradica la enfermedad, Dios aparecerá cuando empieces a quitar las capas de condicionamiento de tu mente. Las prácticas espirituales tienen un efecto similar al de limpiar un cristal. Cuando haces un esfuerzo para eliminar la suciedad que se ha acumulado en tu conciencia, tu brillo espiritual se revela. Ves que Dios no está separado de lo que eres, ahora mismo, no importa adónde vayas.

Cuando descubrimos que es posible encontrar a Dios en nuestro interior, no podemos dejar de ver la misma energía divina en todos y en todo lo que nos rodea. Cuando miramos a los ojos de alguien, vemos que también podemos encontrar a Dios en esa persona. Tal vez has oído la palabra *namasté*. Significa 'la luz en mí reconoce la luz en ti'. Todos estamos hechos de esta luz. ¡Qué manera tan poética de expresar que Dios está en cada uno de nosotros!

Y Dios es también mucho más que nuestro yo individual. Dios mora en cada átomo del universo. Es la esencia de una puesta de sol imponente, de una obra de arte y de nuestras mascotas. Pero también se puede encontrar en los hospitales, en los vertederos de basura y en los atascos de tráfico. No existe nada que no sea Dios. La invitación de la vida espiritual es practicar el reconocimiento de que Ello está siempre aquí.

DIOS NO TIENE PRINCIPIO NI FIN

Dios siempre ha estado aquí. Nunca nació y nunca morirá. Podemos empezar a preguntarnos dónde vive este Dios o de dónde viene; pero es irónico que nos preocupemos tanto por su origen cuando aún estamos luchando por arreglar nuestra propia existencia. Si establecemos que Dios nació en una determinada fecha o en un cierto momento, también tendremos que postular una fecha para su muerte. Porque todo lo que nace, muere... No ganamos nada con sumirnos en estos interrogantes. Así que no te preocupes demasiado por cómo llegó Dios aquí; en cambio, proponte descubrirlo aquí mismo, en este momento.

A nuestras mentes les resulta difícil aceptar que Dios ha estado siempre aquí. La mente humana quiere probarse a sí misma que lo entiende todo. No es aceptable para nuestros egos que algo tan grande e importante no haya sido comprendido. Personalmente, no creo que sea nada divertido descifrar el misterio de Dios. Sería como explicar la poesía palabra por palabra o un chiste con tanto detalle que todo el mundo supiera exactamente lo que significa. Se perdería su esencia. Podemos seguir haciendo nuestros pequeños experimentos, pero la existencia de Dios siempre será un misterio. Le hemos dado mucho bombo a una presencia que es muy simple y hermosa. Esta presencia se halla alrededor y dentro de nosotros. Está más allá del alcance de la mente humana definir y descifrar a Dios. Dios es una canción para bailar, pero a veces nos distraemos demasiado escuchando la música.

Hay una historia que se ha asociado con tantos místicos orientales que no me atrevo a atribuirla a cualquiera de ellos. Es la siguiente: en una ocasión, un santo estaba sentado con las piernas apuntando hacia un templo. Un sacerdote pasó y le pidió que las cruzara porque era insultante tener las piernas apuntando hacia un templo, el hogar de Dios.

—Entonces muéstreme una dirección en la que Dios no esté —respondió el santo.

En otra historia, le pidieron a un poeta que dejara de beber alcohol en una mezquita porque era el hogar de Dios. El poeta respondió pidiéndole al sacerdote que lo llevara adonde Dios no estuviera, porque no existe tal lugar, tal momento o tal ser. Llámalo divinidad, energía, universo, conciencia, lo que sea. Cambiar el nombre no alterará la experiencia. Pero no confíes en mi palabra; compruébalo por ti mismo.

LOS BENEFICIOS DE LOS LUGARES SAGRADOS

Es cierto que Dios lo es todo. Pero sería demasiado abrumador vivir en esta inmensidad en todo momento. ¿Cómo podríamos conducir al trabajo o hablar con nuestros amigos si todo lo que viésemos fuese una gran luz? A veces una pequeña ventana es la mejor manera de vislumbrar la magnitud del cielo.

Lo mismo es cierto cuando se trata de descubrir a Dios por uno mismo. Una puerta al infinito nos ayuda a reconocer a Dios de formas con las que podemos relacionarnos. Esta es la razón por la cual los sitios sagrados están dedicados a menudo a una cierta deidad. Los templos, las iglesias y otros lugares sagrados fueron construidos para que la gente pudiera reunirse para meditar de una determinada manera sobre lo divino. Los antiguos templos de la India se construyeron estratégicamente para que las energías meditativas y cósmicas se multiplicaran a un nuevo nivel. Incluso hoy día, muchos templos están diseñados para que la gente pueda tener un «subidón experiencial» de lo divino.

Cada uno se siente atraído por ciertas puertas hacia la divinidad, y puede ser muy divertido descubrir a través de qué ventanas podemos acceder a la experiencia directa de

Dios con mayor fuerza. En mi infancia, acompañaba a menudo a mi padre a visitar diversos santuarios espirituales y lugares religiosos. Yo sentía alegría al meditar en templos e iglesias dedicados a Jesús, a Krishna y a Guru Nanak Dev, así como en la mezquita de Ajmer. Entre todos los dioses, la afinidad más fuerte la sentía con la diosa hindú Kali.

Empecé a meditar sobre Kali más a menudo. Pero llegó un momento en que me sentí desconectado de su presencia, así que acudí a mi maestro, Guru Ji, para que me orientara. Le expliqué lo difícil que me resultaba meditar sobre ella.

—Te pasa esto porque te ves a ti y la ves a ella como dos polos separados –dijo–. Mírala como a tu madre o a tu mejor amigo. Con tu madre o tu amigo, puedes hablar de cualquier cosa fácilmente. No esperes conectar con ella si la ves como a una extraña.

Al personalizarla pude entender, pude captar lo ilimitado de Kali. Podía acudir a su templo, sentarme con ella, hacerle preguntas y escuchar su voz. De ese modo, pude ver su presencia en todos los seres. Mis visitas al templo de Kali de Kolkata —un templo lleno de imágenes que representan a la diosa como madre— me hicieron sentir muy conectado con ella. Al mismo tiempo, me sentí como una pequeña mota de polvo en este universo repleto de milagros divinos. Es paradójico: nos conectamos a una forma, como una diosa en particular, y esa forma nos lleva a lo que no tiene forma. Los templos dedicados a una forma de Dios son puertas potentes a la experiencia directa del infinito.

Pero el infinito no está unido a ningún lugar sagrado. ¡Es infinito, después de todo! Lo único que hacen los templos y las iglesias es señalarnos una presencia que se puede encontrar en cada momento, en cada lugar. Si sabemos esto, podemos obtener beneficios de visitarlos. Sin embargo, nunca hagas caso a ningún supuesto «maestro espiritual» que te diga que debes ir a su *ashram* o hacer una peregrinación a algún lugar exótico para hallar la felicidad.

DESCUBRE TU PROPIO PORTAL

Yo me sirvo de las enseñanzas tántricas para ayudar a los buscadores a encontrarse con lo divino. El tantra invita a contemplar mitos e imágenes relacionados con unos dioses en particular. Cada mito refleja un aspecto diferente del universo. Así que el hecho de concentrarnos en un solo mito a la vez nos ayuda a entender una cualidad en particular del infinito de una forma asimilable. Visitar el templo de un dios o una diosa tántricos puede ser una manera muy eficaz de que se abra tu percepción de la plenitud de lo divino. ¡Pero no lo hagas porque yo lo diga! Encuentra tu propio portal.

Incluso visitar una pequeña ciudad o un pequeño pueblo en que las exigencias de la vida moderna parezcan menores que aquellas a las que estás acostumbrado puede procurarte enormes beneficios. A veces, dejar una gran ciudad es todo lo que necesitamos para conectar con el silencio interior. Si vas a pequeños pueblos, encontrarás a gente que medita con facilidad, porque sus vidas no están tan abrumadoramente llenas de estímulos. Las experiencias que he tenido en aldeas de la India, Suiza, Sri Lanka e incluso en algunos pueblos pequeños de los Estados Unidos han sido profundas.

Permitir que Dios entre en tu vida es uno de los cambios más revolucionarios que puedes efectuar. Básicamente, cada capítulo de este libro dice lo mismo: elimina la inmundicia para que Dios pueda entrar y mostrarte el camino a la bienaventuranza. Si este es el único mensaje que te llevas de esta lectura, tendrás todo lo que necesitas.

Antes de prepararte para descubrir a Dios, pregúntate si estás dispuesto a pagar el precio. Si estás lidiando con tu carrera, tus relaciones, tus finanzas y otros asuntos mundanos, lo de descubrir a Dios te parecerá una broma pesada. Romper las normas consiste, en primer lugar, en ocuparnos de estas cuestiones que nos absorben, y después en diseñar un estilo de vida espiritual encaminado a descubrir el infinito en nuestro interior.

EJERCICIO   ÁBRETE A DIOS

He aquí una práctica que recomendamos en *Break the Norms* para generar más apertura con el fin de descubrir a Dios. Recuerda siempre que no hay nada que garantice este hallazgo; todo lo que pueden hacer las prácticas como esta es crear unas circunstancias para que nos abramos a lo divino y permitamos que ocurra. Los mantras que se ofrecen en este ejercicio constituyen ayudas significativas: *Aham Brahma-Asmi* significa 'el universo/la divinidad reside en mí' y *Namaha Shivaya*, 'me entrego a la conciencia superior. Estoy receptivo a esta conciencia infinita'.

El mejor momento para realizar esta práctica es antes del amanecer o después de la medianoche. Viste ropas blancas y ligeras. Prende una vela o *diya* con mantequilla clarificada (disponible en tiendas indias).

Respira profundamente durante unos momentos. Visualiza tu cuerpo físico en quietud.

Al inhalar, permite que el sonido de *Aham Brahma-Asmi* recorra todo tu cuerpo. Al exhalar, siente lo mismo. Hazlo diez veces.

Lleva la conciencia al tercer ojo (el espacio que hay entre las cejas) y repite el mantra *Namaha Shivaya* durante diez o quince minutos, como mínimo.

Dedica los últimos momentos a abrirte, como una flor.

HABLEMOS CLARO SOBRE EL EGO 4

Mi tío, en la India, comenzó su carrera vendiendo ropa en la calle y acabó siendo dueño de una marca de moda que tiene más de mil seiscientas tiendas. Una vez le pregunté cuál pensaba que era la razón de su gran éxito.

—Echo la nariz a un lado cuando hago negocios —me dijo.

La «nariz», en este caso, es el ego. En última instancia, mi tío tuvo que aprender a barrer del camino las motivaciones torcidas de su ego para acceder a sus intuiciones más profundas sobre cómo gestionar sus negocios.

Experimentó el ego cada vez que alcanzó un nuevo hito empresarial; en esos casos, pensaba que lo sabía todo y no necesitaba escuchar ningún consejo por parte de maestros sabios. Su ego le decía: «He alcanzado este nivel de éxito; soy la persona más inteligente que conozco». Aunque se sentía importante, obvió detalles críticos que le costaron tiempo y dinero.

En retrospectiva, mi tío podía ver la diferencia entre cuando actuó según su alma y cuando actuó según su ego.

Cuando siguió a su ego, se creó dificultades que pudo haberse evitado. Cuando aprendió a mantenerlo a un lado, fue capaz de centrarse en su deseo consciente de tener éxito. Pasó por momentos difíciles muchas veces a lo largo del camino, pero el hecho de aprender a ignorar el ego y, en lugar de ello, prestar atención a la llamada más profunda de su alma le permitió seguir adelante.

¿QUÉ ES EL EGO?

Antes de continuar, definamos primero el término *ego*. El ego es un tema resbaladizo en el mundo espiritual en estos días. He oído muchas descripciones creativas. El ego es un filtro, o la voz del *yo*, y la repercusión de escucharlo es que nos alejamos de Dios. Una de mis formas favoritas de pensar en el ego es como un acrónimo de *edging God out* ('apartar a Dios'). También puedes pensar en él como en *edging guru out* ('apartar al gurú'; *guru* significa 'maestro' en sánscrito. Para una exploración más en profundidad acerca de los gurús, lee el capítulo 5). Cuando vivimos desde nuestros egos, estamos tan llenos de nosotros mismos que no podemos aprender las lecciones que nos corresponde asimilar. Pensamos que lo sabemos todo y no permitimos que la vida sea nuestra maestra.

Ahora ya sabes que cada uno de nosotros tiene a Dios dentro, si bien lo olvidamos al encarnar. El ego se fija como orgullo, autoimportancia, avaricia, arrepentimiento, control, miedos, dudas..., todos los hábitos que causan sufrimiento. El sufrimiento está arraigado en un error general: el olvido de Dios. Y al olvidar a Dios, también nos olvidamos de nuestro verdadero yo.

Cuando tu ego está al mando, no sigues tu verdadero camino en la vida. Esto se debe a que buscas algo fuera de ti mismo. Puede ser que estés buscando aprobación, estatus o encajar en una prescripción acerca de cómo «deberías» vivir. Es el ego el que se ve condicionado por la cultura, la familia y la religión. Nos hace creer que somos unos fracasados si no estamos a la altura de las definiciones externas del éxito.

Cada vez que el ego se halla al mando, no estamos abiertos. Estamos ejecutando una vieja grabación en nuestras mentes que repite alguna versión de estas dos historias: «Soy mejor que todos los demás» o «Soy terrible en comparación con todos los demás».

Fui invitado a Rishikesh (ciudad india; la capital mundial del yoga) para participar en un gran evento espiritual. Yo era uno de los oradores, y compartí este honor con muchos otros maestros espirituales honorables de la India y de todo el mundo. En el primer día, una mujer agraciada y de aspecto tranquilo estaba en el escenario cantando canciones compasivas relacionadas con lo divino. Cantaba sobre el amor, el perdón y el cultivo de la compasión en la vida. Los buscadores que la miraban se emocionaron, y a mí me emocionó verlos.

Mientras cantaba, unos voluntarios comenzaron a montar sillas, en silencio, para el evento que estaba programado para justo después de su actuación. La intérprete les pidió que se detuvieran. Los voluntarios —la mayoría niños— prometieron que no harían ruido. La mujer estaba visiblemente molesta, e intercambió unas palabras más, al margen del micrófono, antes de empezar a cantar de nuevo. Los niños dejaron de montar las sillas pero permanecieron junto a ellas, esperando la oportunidad de acabar de hacer su trabajo. Pocos minutos después, la mujer del escenario dejó de cantar. El público aplaudió.

—¡Ahora impartirá bendiciones! —dijo el asistente que estaba sentado a mi lado. Era su primera visita a la India y había venido especialmente para el evento. Los jóvenes voluntarios habían subido al escenario y le estaban pidiendo perdón a la cantante, pero los gestos de ella denotaban cada vez un mayor enfado. Salió del escenario enojada, y su equipo la siguió. Muchos de los buscadores continuaban sentados, con la esperanza de recibir sus bendiciones, mientras que el resto de nosotros nos preguntábamos qué había sucedido. No voy a mencionar su nombre espiritual aquí, pero se traduce como 'mensajera de la paz'.

Si tuviera que pintar una imagen del ego, sería la de esa intérprete, que, mientras cantaba música sacra, permitió que el ego tomara el mando. El ego es ciego y cree que es lo único que existe en el mundo. El ego es sordo y no puede escuchar la opinión de nadie más. El ego tiene dos lenguas para poder hablar continuamente de sí mismo. Y, por supuesto, el ego no tiene corazón; solamente múltiples conjuntos de cerebros cargados de teorías fantásticas y de conocimientos procedentes de libros de aspecto inteligente. El ego es feo de ver, pero su fealdad está bien escondida bajo máscaras profundamente arraigadas en su piel.

EL EGO, EL ENFADO Y EL DESEO

El ego prospera a partir de dos emociones humanas básicas: el enfado y el deseo. Experimentamos enfado cuando los deseos del ego no se cumplen, de lo cual derivan todo tipo de sufrimientos.

He aquí un ejemplo simple: el ego te dice que eres la persona con más éxito de tu vecindario. ¡Te mereces un coche de lujo! Te creces y piensas: «Sí, pareceré un gran triunfador con mi coche nuevo».

Pero cuando llegas al concesionario, te das cuenta de que no tienes suficiente dinero para costear el coche que más deseas. Ahora te sientes enojado porque no puedes tener el coche que quieres. A continuación te enojas con tu jefe porque no te paga más dinero. Después te enfadas con tus padres por no haberte enviado a escuelas mejores.

Tu ego se desinfla y te dice que eres un fracasado, que tienes menos éxito que todos los demás que han podido permitirse ese coche de alta gama. En pocas horas has pasado de sentirte grande a denigrado. Estás resentido e irritable.

Si tienes suerte, irás a casa y meditarás, ¡y te darás cuenta del ridículo viaje en el que te ha embarcado tu ego! Si no se los controla, el enfado, el deseo y el ego pueden gobernar nuestras vidas. Pueden dirigir la conciencia en cualquier dirección que deseen, ya sea reprimir un deseo o gritar a alguien. Piensa en cómo alguien puede casarse con la persona de sus sueños y luego engañarle: las fuentes de estas acciones son el enfado, el deseo y el ego. Nada puede golpearnos tan duro como ellos. A menudo juegan con nosotros, disfrutando de cómo los manejamos (o, mejor aún, de cómo no los manejamos).

Nuestra mala gestión del ego, el enfado y el deseo los convierte en monstruos en nuestro proceso vital. Necesitamos una manera de volvernos más poderosos que las fluctuaciones del ego.

LA POSIBILIDAD DE DOMINAR EL EGO

Aunque aparentemente sean negativos, el enfado y el deseo son en realidad energías poderosas que se pueden canalizar adecuadamente; con ellas puedes formar un puente que te permita llegar a tu ser superior. Cuando podemos ver a través de nuestras creencias equivocadas, somos capaces de dominar los aspectos aparentemente problemáticos de nuestra humanidad. Esta conciencia nos ayuda a ver con claridad y a tomar buenas decisiones.

Quiero dejar algo claro: el ego, el deseo y el enfado no son tus enemigos. Son amigos que solo necesitan más orientación. En lugar de dejar que sean ellos los centros de energía que gobiernan tu vida, tienes que invertir los papeles y ser tú quien los gobierne *a ellos* a partir de ahora.

Dios no cometió un error al crear estas emociones: todo lo que tenemos en nosotros está ahí para que experimentemos el proceso de la vida. No hay ningún accidente en nuestra evolución o creación. Se nos dice constantemente que debemos rehuir nuestros deseos, que el enfado es nuestro enemigo y que el ego es infame, pero estos elementos también nos ayudan de muchas maneras. Si yo no tuviera el deseo de compartir mi mensaje, no estaría escribiendo este libro. Si tú no estuvieras insatisfecho o probablemente enojado por la forma en que se desenvuelve tu vida, no estarías dispuesto a dar un paso para mejorarla (y leer este libro). Si no tuvieras ningún deseo de elevar tu conciencia, no estarías tomando las medidas que estás tomando ahora.

Hay muchos casos en los que el enfado, el ego y el deseo pueden motivarte a hacer algo mejor, pero estos momentos son difíciles de encontrar o se pierden fácilmente. Con el fin de empezar a reconocer los dones ocultos de nuestra humanidad, para acceder a nuestra espontaneidad, nuestra determinación y nuestra creatividad, debemos aprender a dominar nuestro ego. Podemos empezar por examinar las dos normas siguientes y romperlas en favor de la verdad.

NORMA 7

EL EGO ES NEGATIVO Y DEBEMOS ELIMINARLO

Obviamente, nadie se esfuerza por ser un idiota. Los buscadores espirituales bien intencionados a menudo ven el daño causado por sus egos por primera vez y quieren cambiar las cosas. Este es un momento honorable y esencial en el camino espiritual. No obstante, si bien este despertar puede conducir a un progreso espiritual increíble, también puede ser malinterpretado como una prueba de que nuestras debilidades humanas nos hacen «malos». En un esfuerzo por ser «buenos», los buscadores deducen que deben purificarse de sus pecados. Deben renunciar a la totalidad del ego.

Renunciar a algo puede parecer una tarea relativamente fácil. Podemos correr hacia el Himalaya y declarar que hemos renunciado al sexo, al deseo y a la ambición. Pero ¿por qué debemos mudarnos físicamente para hacerlo? Cuando declaramos nuestra renuncia y nos trasladamos a algún *ashram*, llevamos con nosotros el equipaje que nos hizo mudarnos.

En los *ashrams*, los buscadores acostumbran a practicar severas austeridades. Pueden privarse de comer en un esfuerzo por renunciar al deseo o practicar *asanas* rigurosas durante horas, tratando de calmar la mente y eliminar cualquier enojo o impulso sexual. Piensan que si logran adoptar posturas sobrehumanas conseguirán liberarse de las garras del ego.

Sin embargo, aunque el yoga puede ser una herramienta valiosa si se aplica correctamente, también puede convertirse en un sistema de autocastigo. Ocurre lo mismo con cualquier práctica espiritual. En lugar de ofrecer esperanza, amor y crecimiento, las prácticas dirigidas a renunciar al ego pueden alimentar la vergüenza, el odio hacia uno mismo y los intentos de control.

Cuando están mal aconsejados, los buscadores no se encuentran en un proceso de renunciar a sus egos. Tratan de eliminar su humanidad. Parecen demacrados, vacíos y tristes. Intentan lograr algo que no es posible. Esta no es la manera de experimentar la bendición que es la vida humana.

ROMPE LA NORMA

EL EGO NO PUEDE SER ELIMINADO, SOLO PUEDE SER GESTIONADO

No hay ninguna parte del ego que sea positiva. Todo él constituye un obstáculo para acceder a la verdad. Pero por más daño que ocasione, la dura verdad es que no podemos huir del ego ni acabar con él. Eliminarlo puede parecer simple y fácil, pero no es la solución, ¡porque no es posible! El ego es intrínseco a la condición humana. Si tratamos de reprimirlo, todo lo que hacemos es crearnos más problemas a medida que sus fuerzas van calando más profundamente y operan de formas cada vez más sutiles e invasivas.

Así que en lugar de tener como objetivo eliminar el ego debemos enfocarnos en lo que *sí es posible*: gestionarlo. Esto significa mirar honestamente nuestro sufrimiento y aprender a reconocer cuándo el ego ha tomado el control de nuestra atención. Podemos aprender a ver las fijaciones del ego, pero no hacerles caso. Es como desactivar una bomba antes de que estalle.

A veces tiene que ocurrir un gran desastre, autoinfligido, antes de que podamos admitir que el ego estaba llevando las riendas. Por ejemplo, puede ser que tengas una aventura y pierdas a tu pareja. Solo entonces admites que perdiste el control de tu enojo, lo cual hizo que, inconscientemente, buscases vengarte. Pero la buena noticia es que puedes descubrir cómo detectar al sigiloso ego antes de que provoque daños. De esta manera, puedes asimilar las lecciones que necesitas asimilar sin tener que pasar por sufrimientos innecesarios. Si te niegas a aprender, Dios se asegurará de que captes el mensaje, de una forma u otra.

Cuando aprendemos a gestionar el ego, podemos confiar en la conexión con nuestro verdadero ser, con Dios en nuestro interior, para manejarnos y gestionar nuestro mundo. Esta es la fuente de un potencial increíble, que se manifiesta como una realidad feliz. Solo podemos acceder a la ayuda divina si nuestros egos no se interponen, lo cual abre la puerta a que podamos recibir mensajes ocultos y a que gocemos de una conciencia fresca, nueva. Y solo si tenemos el ego bajo control podemos experimentar el amor verdadero en nuestras relaciones (como verás en el capítulo 6).

El proceso de aprender a gestionar el ego debe ser suave y progresivo. ¡No te tortures ni te castigues! En lugar de ello, céntrate en cultivar estas tres cualidades: la aceptación, la presencia y la humildad. Por más problemático que pueda ser el factor humano, también contiene unos dones y talentos increíbles. Si te enfocas en desarrollarlos, podrás gestionar tu ego mucho mejor.

Aceptación

El ego no quiere que te aceptes a ti mismo ni que aceptes a los demás. Quiere que intentes cambiar o dominar las cosas. Esta es su naturaleza. En lugar de ello, te recomiendo que empieces a llevar a cabo la práctica de aprender a aceptar las situaciones como son. No trates de dirigirlas.

Cuando aceptamos la vida, el ego no tiene otra opción que sentarse y callarse. Solo entonces podemos ir más allá de los patrones condicionados de la mente. Si quitamos nuestra atención de las estrategias de control del ego, podemos recordar a Dios. Dios vive en cada momento, más allá de todas las estrategias.

Cuando accedemos a Dios, accedemos a soluciones reales. Nos vemos impulsados desde dentro, desde un espacio de autenticidad. Puede acudir a nosotros una inspiración fresca y espontánea. Y las circunstancias marcadas por el sufrimiento a menudo cambian por sí mismas, sin que tengamos que «averiguar» qué hacer.

El milagro es que la aceptación nos permite ser responsivos en lugar de reactivos. Las reacciones son fruto del condicionamiento del ego; no parten de ninguna reflexión o conciencia. Alguien te insulta, tú le insultas. Pero ser responsivo es fruto de la atención plena. Significa intentar entender por qué los demás reaccionan de ciertas maneras. Nos permite centrarnos en las soluciones en lugar de ver solo los problemas.

Ser responsivo también significa no tener expectativas. Podemos esperar que un problema se agrave si reaccionamos a él. Pero cuando respondemos aceptando los defectos de alguien, no sabemos cómo va a actuar; hay mucho más lugar para la espontaneidad.

La aceptación puede empezar por practicarse con los miembros de la familia, con el cónyuge y con los amigos cuyas acciones no están en sintonía con nuestra forma de vida. Si eres un vegano estricto o un meditador disciplinado, o si vives a partir de un conjunto de valores específicos, trata de contemplar las acciones de los demás y sus opciones con una nueva curiosidad y acepta sus formas de proceder como aceptas las tuyas. Si te encuentras en un conflicto, haz una pausa y date el espacio para responder sin tratar de controlar nada. El cultivo de estas habilidades te ayudará a mantener el ego bajo control.

Presencia

El ego recibe su oxígeno del pasado y del futuro. Puede morar en el pasado cavilando, deseando que las cosas hubieran sido diferentes. También puede proyectarse hacia el futuro y engañarnos para que creamos que seremos felices en algún momento futuro, siempre y cuando las circunstancias sean unas concretas.

El inconveniente que tiene seguir al ego hacia delante o hacia atrás es que nunca estamos plenamente en la realidad, sino en el mundo de las ilusiones; mantenemos la ilusión de que podemos controlar un resultado o de que deberíamos habernos comportado de otra manera. En cualquiera de los dos casos, cuando nos resistimos a la realidad, nos enfrentamos a diversos problemas.

Esto ocurre porque bloqueamos la inteligencia divina que está ahí para nosotros, guiándonos y sosteniéndonos. El ego y la creatividad nunca pueden estar juntos. Si nos preguntamos sobre el resultado de nuestras acciones, no podemos actuar desde un espacio auténtico, inspirado por la divinidad. Si tratamos de hacer algo que demuestre que somos «los mejores», solo seremos los peores desde el punto de vista del corazón.

Pero cuando ignoramos al ego y nos centramos en el momento, somos eficaces. Si estamos presentes, el ego no puede sabotear nuestro genio. Podemos actuar desde el manantial de intuición que tenemos en nuestro interior, en lo profundo. No tenemos miedo. No podemos sino ser nosotros mismos. Nos damos cuenta de que estamos llenos de luz y felicidad. Esta es la forma de meditación más alta.

Esta libertad es lo que andamos buscando realmente. El problema es que cuando intentamos controlarla la bloqueamos.

Acaso te estés preguntando cómo puedes estar presente. En cualquier momento, puedes llevar la atención al corazón y preguntarte dónde estás. Por supuesto, estás físicamente presente en algún lugar, pero esta pregunta concierne a tu estado de conciencia. Te sorprenderá descubrir que, la mayor parte del tiempo, tu conciencia ha viajado al pasado o al futuro. A menudo, el solo hecho de hacerte esta pregunta hará que te acuerdes de regresar al momento presente.

Humildad

¿Te sientes especial cuando la gente marca que le gusta una foto en la que se te ve haciendo yoga o meditando, o cuando comentan dicha foto o la reenvían? Si la respuesta es que sí, me parece bien. Los medios de comunicación social han inspirado a muchas personas a empezar con una rutina de ejercicio o a darle una oportunidad a la espiritualidad, pero también han incrementado nuestra necesidad de gustar a los demás. Hace poco leí en algún lugar que si Facebook se cerrara durante un año, la gente iría caminando por la calle gritando: «¿Te gusto? ¡¿De verdad?!».

En la India, ocultamos nuestras cuentas de meditación en una pequeña bolsa. Metemos la mano en la bolsa y hacemos girar las cuentas alrededor de nuestros dedos mientras recitamos un mantra. Esta práctica simboliza el deseo de pasar inadvertido en el camino espiritual.

Cuando no hacemos alarde de nuestra espiritualidad, contrariamente a lo que el ego querría que hiciésemos, podemos ser humildes. La humildad es el reconocimiento de lo que realmente somos. Todo el mundo quiere ser alguien importante. Pero si tenemos humildad, podemos limitarnos a ser humanos. Podemos desprendernos de las etiquetas de la sociedad y no experimentar presión. ¡Es un gran alivio!

Frente a la humildad, el ego se enrosca en un rincón como un perrito. Es entonces cuando podemos empezar realmente a *vivir* para nosotros mismos en lugar de esclavizarnos para tener una casa fantástica o comprar los artículos que están más de moda. Nuestra cuenta bancaria no tiene el mismo poder sobre nosotros.

La paradoja es que solo podemos tener éxito si somos humildes. El estrés al que nos sometemos cuando tratamos de ser «alguien» sabotea todas nuestras intenciones. El tipo de felicidad que realmente buscas proviene solo de que sigas *tu* dicha, no la de otra persona.

Así pues, practica la humildad. Empieza por no compartir siempre tu experiencia con la meditación o el yoga en las redes sociales. No hables de ello y trata de no jactarte de tus progresos espirituales. Sé responsable al respecto. Sí, a veces compartir tu experiencia puede inspirar a otros, pero lo más probable es que también haga que te proclames como un «alma iluminada». Tenlo en cuenta.

Puedes jugar con la cualidad de la humildad de otra manera: practica no ser *nadie*. De vez en cuando, intenta desaparecer en medio de la multitud. Es posible que te hayan enseñado a destacar entre la multitud, pero intenta romper esta norma a menudo. No seas nadie entre la muchedumbre. Sé un extraño. Ve a lugares donde nadie te conozca. Deja que la gente te hable como le plazca. Haz buenas migas con desconocidos.

Sé amable contigo mismo mientras aprendes a dominar tu ego. Detente a menudo y disfruta de la ligereza que se siente cuando uno se desprende de la carga de las incesantes exigencias del ego. Celebra todas las veces en que te des cuenta de que no reaccionaste durante un momento lleno de carga emocional. Y perdónate rápidamente cuando pierdas algo.

EJERCICIO   OBSERVA EL EGO

Una persona dominada por un ego problemático está desconectada de su centro. En esta meditación, sitúate en el centro de la zona del ombligo. Permanece en un lugar donde no te sientas juzgado. Crea un espacio sagrado para ti mismo en el que no busques nada. El mantra de este ejercicio, *neti neti*, significa 'ni esto ni aquello'.

Siéntate en silencio durante un par de minutos. Respira suavemente. Mantén las palmas abiertas y las yemas de los dedos al lado del ombligo durante unos momentos.

Mantén la atención en el ombligo e invita a que se presenten tus pensamientos. Obsérvalos sin juzgarlos o identificarte con ellos. Haz esto durante unos momentos.

A continuación, mira dentro de ti y pregúntate: «¿Cómo me defino?».

Haz una pequeña pausa y pregúntate después: «¿Quién soy yo?». Permanece observando todas las respuestas que se presenten.

Después, empieza a rechazar todas las respuestas que acudan. Los sabios recomendaron usar el mantra *neti neti* con todas las respuestas que se manifiesten en este tipo de procesos. Cualquier respuesta que recibas será de tu mente, no de tu ser interior. Cuando las hayas rechazado todas, tu mente ya no contará con ninguna respuesta condicionada; entonces podrás crear espacio para la realidad.

A continuación, examina aquello que deseas cambiar o controlar, y a las personas con las que quieres hacer esto mismo. Observa los recuerdos que surgen de tus acciones en esas situaciones.

Suelta la necesidad de tener el control. En el ojo de tu mente, imagínate liberándote de la necesidad de sentirte importante todo el tiempo. Imagínate liberándote de la necesidad de culpar a otros.

Levántate. Permanece alerta a tu conciencia. Repite todos los pasos anteriores estando de pie, con suavidad.

Después de hacerlo unas cuantas veces sentado y de pie, alternativamente, siéntate y permanece en silencio.

NORMA 8

DEBERÍAMOS ELIMINAR EL DESEO

En una ocasión, en la India, estaba sentado entre el público en un *satsang* (*sat* significa 'verdad' y *sang*, 'compañía'). *Satsang* hace referencia a implicarse en la verdad con buscadores de ideas afines. La oradora era una mujer que vestía de naranja. En la India, los monjes vestidos de naranja son los que han renunciado al mundo material y han abandonado todos sus deseos. Yo acababa de dar mi charla en el mismo escenario y decidí quedarme a escucharla. Su charla fue bien acogida por la multitud; todo el mundo tenía una «vibración espiritual»... hasta que un joven levantó la mano.

—Usted ha hablado de renunciar a los deseos y ha dicho que el dinero, o el deseo de dinero, es malo –señaló–. No lo entiendo muy bien. Si usted no tuviese deseo de dinero, no habría sido capaz de crear este evento o de construir unos centros espirituales tan grandes. ¿Puede explicarme eso?

La mujer sonrió y le respondió, pero no lo convenció. Ella siguió diciendo que el dinero era algo negativo y él quiso saber por qué, entonces, le habían pedido que donara tanto dinero para el evento. La conversación continuó y terminó por hacer enojar a la mujer. Reprimió su ira frunciendo las cejas, sonriendo al público y saliendo de la sala. Se suponía que yo iba a verla después de su charla, pero canceló nuestra reunión. El joven se quedó en el suelo, objeto de las miradas de los asistentes.

No juzgo a ninguno de los dos. El gurú de la mujer probablemente le enseñó que todo es *maya* (ilusión). Muchos gurús inculcan la creencia de que todo es *maya*, y puesto que todos los objetos de deseo no son más que ilusiones, uno no debería tener ningún deseo. El joven estaba confundido por el concepto de que todos los deseos son ilusiones, especialmente cuando esa misma mujer había estado animando a la gente a donar y había construido un hermoso centro espiritual. Todo comienza con un deseo, y no hay nada malo en ello. El joven buscador estaba tratando de entender las profundas charlas del evento. Me he encontrado con muchos buscadores que se quedan perplejos con los mensajes de los gurús espirituales.

Este tipo de confusión espiritual se produce en todas partes. En 2012, decenas de carteles anunciaban en Manhattan que el mundo estaba llegando a su fin, y mostraban un número de teléfono al que llamar. Si llamabas, alguien trataba de convencerte de que, puesto que el mundo estaba terminando, deberías soltar los deseos materiales y donar todo tu dinero a esa gente.

¿Qué se supone que debemos hacer cuando los mensajeros espirituales y las religiones confunden a sus buscadores? Al decirle a la gente que renuncie a sus deseos, los maestros a menudo están sembrando un deseo aún mayor: el deseo de no tener deseos. Me encuentro con muchos clientes que quieren desapegarse de sus deseos y vivir como monjes, pero estos mismos clientes también quieren ser la persona más famosa de Hollywood o un rico magnate de Wall Street. Ciertamente no podemos perseguir la fama y la riqueza si tenemos ideas tan estrictas sobre la renuncia a los deseos. Aquí se da una contradicción importante que tiene que abordarse.

El tema es este: es imposible deshacerse totalmente del deseo. Los deseos están tatuados en nuestra conciencia. Son como sombras de las que nunca podemos deshacernos. Cualquiera que haya intentado alguna vez verse libre de deseos puede atestiguar este hecho.

Si un maestro me dice que todos los deseos equivalen al sufrimiento y que necesito eliminar el deseo para ser feliz, ¿qué sucede? Que me voy a casa, tengo hambre y me siento mal por mis deseos de comer. En esta situación, no puedo ganar. Mientras intente eliminar el deseo, me sentiré siempre como un fracasado.

No estoy diciendo que los deseos no causen problemas. ¡Por supuesto que los ocasionan! Los deseos insatisfechos pueden hacernos sufrir. Es habitual pensar que solo seremos felices en algún momento futuro, cuando tengamos todo lo que queremos. Si no conseguimos lo que deseamos, podemos sentirnos débiles e inferiores en comparación con aquellos que parecen «tenerlo todo». A menudo, nuestros deseos inconscientes no son sino un producto de lo que vemos en el mundo exterior.

Los deseos inconscientes también pueden ser un problema cuando conseguimos lo que queremos. Tan pronto como satisfacemos un deseo, pasamos al siguiente. En el mundo de hoy, es raro que hagamos una pausa y estemos agradecidos por lo que ya tenemos. La satisfacción se pierde entre la maraña de los deseos inconscientes.

El problema, en definitiva, son los deseos *inconscientes*, no todos los deseos. Sencillamente, no sabemos cómo relacionarnos con nuestros deseos. Aprendemos a ver nuestra falta de satisfacción como un obstáculo para la felicidad. Y aprendemos que deberíamos centrar nuestra atención en eliminar ese obstáculo por medio de satisfacer el deseo. Al hacer esto, pasamos por alto el contento que tenemos, a cada momento.

Los deseos se han convertido en trastornos compulsivos. O nos obsesionamos con lo que queremos o nos obsesionamos con cómo dejar de desear. No aprendemos a discernir cuáles son los deseos que vale la pena satisfacer y cuáles es mejor olvidar. Dejamos que nuestros impulsos inconscientes conduzcan nuestros carros; o bien procuramos echar al conductor de su asiento, y después nos preguntamos por qué carecemos de dirección y satisfacción. ¡Este proceder es una locura! Pero basta con un pequeño intento para comenzar la transformación del trastorno compulsivo al orden consciente.

ROMPE LA NORMA

EL DESEO CONSCIENTE ES EL CAMINO QUE SEGUIR

Con el fin de cultivar los deseos conscientes, debes comprender la verdadera naturaleza del deseo. No todos los deseos son problemáticos. De hecho, algunos pueden ser profundamente estimulantes; pueden impulsarte hacia delante en direcciones positivas y señalarte tu propósito en la vida.

El deseo de sanar tus heridas es ciertamente útil. A menudo, este deseo de plenitud es el primer paso de un camino espiritual que puede seguirse durante el resto de la vida. Si estás leyendo este libro, tienes el deseo de cuestionar tu condicionamiento y aprender a cambiarlo.

La clave para una relación fructífera con nuestros deseos es la conciencia. Un deseo consciente está libre de toda compulsión; no hay pánico ni luchas asociados con él. Viene de dentro, no de la presión de la sociedad. Cuando el origen de nuestros deseos es la comparación con los vecinos, o con alguien que creemos que lo tiene todo, nos estamos imponiendo unas exigencias innecesarias. Estos deseos son problemáticos, tanto si se ven satisfechos como si no. Los deseos conscientes no son nunca un problema, porque revelan lo que es verdaderamente importante para nuestras almas.

Cuando deseamos de forma consciente, sabemos cuáles son los deseos que nos conviene atender y cuáles tenemos que ignorar. En lugar de intentar reprimir nuestros deseos, buscamos encontrarnos con ellos cara a cara, sin sentir vergüenza. Hacemos un descubrimiento crucial cuando nos damos cuenta de que si somos conscientes podemos *elegir*.

Esto significa que somos libres de ponernos metas. Somos libres de perseguir lo que queremos. Podemos tener un Rolls Royce. Podemos tener cien Rolls Royce. Pero siempre sin permitir que ellos nos posean. Sabemos que los Rolls Royces no son lo que nos hace felices. Sabemos que nuestra satisfacción no nos abandonaría si nos los robasen. Y sabemos que si nunca llegamos a tener coches de lujo, aun así podemos ser profundamente felices. Gozamos de esta libertad.

LA LLAMADA DEL ALMA

Un deseo consciente revela la llamada del alma. Es el combustible final de nuestros sueños. Piensa en los deseos conscientes como en alfombras mágicas que nos llevan hacia nuestro destino divino, infundiendo energía a cada acción.

Cuando meditamos, sabemos qué deseos nos están impulsando hacia nuestro propósito y cuáles nos están distrayendo. Vemos qué sucede cuando nuestros egos se mezclan con un deseo inconsciente. Desconfía si notas que intentas forzar un resultado o competir con otra persona. Estos pensamientos dementes pueden ser nuestros mejores maestros. Si no los vemos y aprendemos de ellos, nos distraerán de nuestro camino. Sigue volviendo a tu propia conciencia. Los deseos que muestran la llamada del alma suben a la superficie y nos hacen sentir completos y divinos; los que no, se hunden.

Si tenemos la mente clara, sabremos dónde invertir nuestro tiempo y nuestra atención. Nos moveremos por el mundo con honestidad y coraje. Esta es la única manera de encontrar el verdadero éxito. Incluso si manifestamos un resultado a la perfección, solo nos traerá más sufrimiento si proviene de un deseo inconsciente. El verdadero éxito no es fruto de ninguna urgencia. Es apacible. Es santo. Es la llamada de nuestra alma.

De hecho, esto es lo que todos anhelamos: actuar según la verdad de nuestra alma. Los resultados no son tan importantes como creemos. Cuando estás alineado con la llamada de tu alma, puede ser que experimentes algo totalmente diferente de lo que pensabas experimentar. ¡Y, ciertamente, será diferente de las llamadas de tus vecinos! Ahí es donde entra en juego la libertad de ser tú mismo. Es mejor que sigas tu propia dicha y cometas toneladas de errores que seguir sin ningún tropiezo la dicha de otra persona. Y déjame decirte que proceder según tus deseos conscientes es la mejor opción para lograr tu felicidad interior y exterior.

NO MEDITES PARA ESCAPAR DE TUS DESEOS

Muchos buscadores comienzan a meditar para escapar de sus deseos, porque se les ha enseñado que el deseo es la parte nociva del viaje espiritual. Quiero dejar claro que nunca debes meditar para huir de los deseos. Debes meditar para verlos cara a cara.

La meditación puede enseñarte a entender tus deseos y trascenderlos por medio de la transparencia. Las meditaciones de *Break the Norms* están basadas en el tantra y se diseñaron para que el buscador se encuentre con sus deseos. Deja de disfrazarlos y de reprimirlos; permite que salgan de la clandestinidad. Hacer esto es como mirarse en un espejo. Podemos comprendernos por medio de acararnos con nosotros mismos. Dejamos de jugar al escondite. Nos damos cuenta de que no podemos pasar por alto nuestros problemas, de que nos perseguirán adondequiera que vayamos.

La meditación nos puede enseñar a actuar a partir de nuestros deseos y a trabajar con ellos de la forma que he descrito. Este es el estilo de vida que defiende *Break the Norms*.

EJERCICIO   HAZTE CONSCIENTE DE TUS DESEOS

Este ejercicio está pensado para quienes mediten todos los días. Si no meditas, todas las preguntas que siguen serán irrelevantes. Así pues, establece primero tu práctica de meditación, y después realiza este ejercicio. Hazlo al menos dos veces al año para ver qué progresos has experimentado.

Después de tu meditación, conecta con tu silencio. Escribe las respuestas a estas preguntas:

- ¿Qué deseo más?
- ¿Por qué lo deseo?
- ¿De dónde viene mi deseo?
- Este deseo ¿me satisface de una manera positiva?
- Este deseo ¿surge de una necesidad o de la felicidad?
- ¿Me siento culpable de tener este deseo?

Hazte cualquier otra pregunta que te ayude a profundizar en tu deseo.

No tienes que «hacer nada» con tus respuestas. Sencillamente, permite que tu conciencia te revele su claridad. En los próximos días o semanas, observa si sientes el impulso de emprender cualquier acción.

Vuelve a responder las mismas preguntas al cabo de tres meses. Después de un año, repásalas y constata cuánto has evolucionado en cuanto a la forma de responder a tus deseos.

¿CON GURÚ O SIN GURÚ? ESTA ES LA CUESTIÓN 5

Imagínate a un bebé en el día de su nacimiento. Es vulnerable, está abierto y listo para crecer. Ahora imagina que el doctor decide no apresurarse a mostrárselo a su madre porque siente que el bebé no está preparado. El bebé no es consciente de que tiene una madre porque es aún muy pequeño. Ahora dale al «botón de avance rápido». Han transcurrido algunos años y al niño aún no se le ha permitido conocer a su madre. Alguien determinó que todavía no estaba listo para conocerla. Pasan algunos años más y, ya adulto, está enojado y frustrado con la vida. Anhela el amor incondicional, maternal. ¡Pero de nuevo se le dice que todavía no está listo para conocer a su madre! Ya anciano y enfermo, al final de sus vida, les confiesa a sus seres queridos que desearía haber conocido a su madre. Le dicen que rezarán para que eso pueda tener lugar en su próxima vida. No se trataba de que su madre no estuviera viva y que él no pudiera verla; todo lo que ocurría es que «nunca estaba preparado».

Esta triste historia ilustra lo que sucede cuando pasamos por la vida sin conocer a Dios. Nos sentimos tan devastados y desesperados como un bebé cuando chilla llamando a su madre y esta no acude. Nunca llegamos a sentir el amor incondicional. No florecemos como la persona completa que se supone que debíamos ser. Nuestra vida pasa y llegamos a la conclusión de que nuestra presencia en la Tierra no tenía sentido, ni alegría, ni propósito.

En la misma historia, imagina que hay una persona que no solo hace posible el encuentro entre la madre y el hijo, sino que también hace que el niño entienda lo especial que es su madre y lo sagrada que es su relación con ella. Este es el papel de un gurú. El gurú ayuda a eliminar los obstáculos que impiden nuestro encuentro con lo divino. Nuestras creencias religiosas, la sociedad, los profesores o nuestro propio condicionamiento plantan estos obstáculos. Un gurú auténtico eliminará los impedimentos de la misma forma que el sol de la mañana despeja la oscuridad de modo que pueda alborear un hermoso día.

EL EGO MANTIENE A DIOS FUERA

¿Recuerdas nuestra discusión acerca del ego, en el capítulo anterior? Bien, es hora de volver a traer a nuestro viejo y fiel amigo al primer plano de nuestra conversación. El ego es como el doctor de la historia anterior: siempre mantiene el amor fuera.

También podemos pensar en el ego sin control como en un guardaespaldas que protege nuestros corazones. Lleno de juicios, miedos, enojo, proyecciones, reacciones y condicionamientos, el ego construye un muro de hormigón alrededor del corazón. Con esta pared hace todo lo posible para darnos una sensación de seguridad al no permitir que «el barco se balancee». Pero lo paradójico es que al protegernos de todo mantiene fuera lo único que nos proporciona paz: el amor incondicional. La voz del ego es el guardaespaldas que monta la guardia junto a este muro. Se asegura de que nada entre o salga, incluido el amor. El ego y todas sus voces están haciendo su trabajo: proteger el statu quo.

En un momento de silencio, podemos sentir el anhelo puro del amor incondicional. Pero los muros del ego se endurecen cada vez más. La voz del guardaespaldas le dice al amor incondicional: «¡De ninguna manera vas a entrar ahí! Romperías estas paredes y nos quedaríamos desprotegidos». Nuestras mentes se llenan de dudas, excusas y ocupaciones, y olvidamos ese momento de anhelo. Mantenemos la cabeza baja y seguimos con lo nuestro.

Cada uno de nosotros tiene un ego personal, así como un «superego» grupal. Mientras que el ego personal se centra principalmente en mantener nuestro statu quo individual, el superego se centra en mantener el statu quo colectivo. A causa de este ego podemos sentir vergüenza o culpa si queremos desafiar lo que nos han dicho, en un nivel más general, la religión, la historia, la política, nuestras familias…

Para entender el superego, es útil recordar la metáfora del médico que no permite que el bebé vea a su madre. El instinto natural del bebé es experimentar el amor incondicional de su madre, pero el médico sigue diciendo: «Todavía no. Aún no estás listo». Sustituye la palabra *médico* por *profesor*, *sacerdote*, *rabino*, *gurú autoproclamado*, *maestro de yoga* o *experto en autoayuda*, y comprenderás cómo incluso el trabajo espiritual puede seguir manteniendo el amor fuera. Se nos dice que debemos rezar diez avemarías, dejar de comer carne o seguir diez pasos antes de poder ser lo suficientemente puros como para recibir a Dios. Se nos da el mensaje de que nuestra humanidad, tal como es, no es «lo suficientemente buena» para encontrarse con Dios.

Así que entre el ego, que trata de proteger nuestros corazones de cualquier «amenaza», y el superego, que se asegura de que escuchemos las voces que vienen de fuera de nosotros mismos, ¿cómo podemos traspasar ambos y dirigirnos hacia la libertad y el amor incondicional? ¿Cómo podemos permanecer guiados y nutridos en este arduo viaje? ¿Cómo podemos acceder a los secretos de una vida feliz y vernos nutridos por el amor divino? ¿Cómo podemos experimentar el fenómeno invisible llamado Dios?

Las respuestas a todas estas preguntas se encuentran en una palabra: *gurú*.

EL GURÚ PERMITE QUE DIOS ENTRE

El término *gurú* es una combinación de dos palabras: *gu* y *ru*. *Gu* significa 'oscuridad', y *ru*, 'aquel que elimina la oscuridad'. Por lo tanto, el gurú es el que aleja la oscuridad, es decir, cualquier cosa que nos impida conocer nuestra verdadera naturaleza, ver a Dios en cada momento. Es lo que mantiene alejado el amor incondicional. La oscuridad también se puede entender como el ego, por supuesto.

La oscuridad del ego incluye los ciclos de adicción que nos parece que no podemos controlar. Incluye los momentos en que nos sentimos tan solos que no podemos soportar estar vivos ni un día más. También incluye los gritos que se suceden en nuestras cabezas cuando tratamos de sentarnos quietos y limitarnos a ser. Es esta oscuridad metafórica la que nubla nuestras lentes, lo cual nos hace creer que nuestras vidas no importan, que la felicidad no es posible.

El gurú limpia nuestras lentes para que podamos ver la verdad con claridad. El gurú permite que entre Dios. Básicamente, un gurú nos muestra el estado de nuestro ego y nos invita a regresar a un lugar de profunda sabiduría. Un gurú es como un gran amigo que puede ver todos nuestros comportamientos inconscientes e indicárnoslos para que podamos elegir una opción diferente.

Pongamos un ejemplo. Un gurú podría ver que te obsesionas con un amante que se fue. Tu mente podría estar repasando los mismos escenarios una y otra vez, diciéndote que si hubieses sido mejor de alguna manera, tu amante no te habría dejado. En esta situación, es probable que estuvieses sufriendo mucho, creyendo que eres innoble y que no mereces el amor. Pues bien, un gurú puede pulsar el botón de pausa de toda la escena. Puede decirte: «¡Eh!, tu ego está dirigiendo el espectáculo. ¿Por qué no te paras un momento y miras si estos pensamientos que están en tu cabeza te están haciendo bien? Tal vez no necesites creértelos».

Y en ese momento de pausa recuerdas quién eres. Obtienes una nueva perspectiva. Te distancias un poco y, como resultado, logras un mayor dominio sobre las estrategias interminables que usa tu ego para mantenerte sufriendo. Puedes reconocer los errores que cometiste y encontrar el perdón para seguir adelante. Cuanto más sigues haciendo esa pausa, más fuerte se vuelve tu espíritu, y el ego se queda arrinconado. Dios acude corriendo a cada momento de tu vida. Lo único que quiero sugerirte es que dejes tus ventanas abiertas para que la luz del gurú pueda entrar en tu vida.

En este capítulo expondré las creencias que nuestra cultura tiene acerca de los gurús que impiden que los buscadores descubran los beneficios de disponer de uno. Voy a ofrecer mi punto de vista sobre cada norma, para que puedas tener las dos perspectivas. Y con todos esos datos podrás contemplar el tema de los gurús a tu manera y llegar a tus propias conclusiones.

UN GURÚ NO ES LO MISMO QUE UN PROFESOR

Es interesante el hecho de que la palabra *gurú* no cuente con sinónimos. No debes confundir a un gurú con un profesor, un escritor espiritual, un *coach* de vida o un orador motivacional. Aunque puede haber innumerables profesores y *coaches*, los gurús abundan muy poco.

El título *gurú* ha sido tan maltratado y mal utilizado que a veces los gurús auténticos lo evitan. Cualquiera puede proclamarse «gurú». Algunos imitadores de gurús no son más que personas sedientas de poder. Harán todo lo posible para parecer gurús para poder obtener influencias, ganar dinero o ser vistos como líderes. Pero un verdadero gurú no tiene ningún interés en los afanes del ego. Un verdadero gurú solamente está interesado en traer sanación y libertad a quien las quiera. Trabajar con un verdadero gurú puede transformar tu vida por medio de iluminar tu camino espiritual. Un progreso que podría llevarte años —o vidas— lograr tiene lugar en un tiempo milagrosamente corto.

En un mundo sobrecargado de oradores motivacionales, *coaches* de vida, terapeutas, profesores de yoga y maestros iluminados autoproclamados, se ha vuelto más importante que nunca comprender el verdadero significado del gurú.

NORMA 9
YO NO NECESITO UN GURÚ

Jack fue uno de mis primeros contactos cuando llegué a Nueva York. Todos quienes pasaban quince minutos con él quedaban impresionados por su brillante personalidad. Siempre empezaba hablando de cómo se metió en el mundo de las drogas y el *rock and roll*. A continuación explicaba cómo obtuvo una «enorme sabiduría» que le permitió darle la vuelta a la situación y convertirse en un hombre sobrio y triunfador. Afirmaba que antes era una persona muy iracunda y violenta.

—¡Pero todo eso quedó atrás!, decía.

Sin embargo, después de los primeros quince minutos, todo el mundo podía ver que Jack era un alma turbulenta.

Aunque solía mencionar públicamente que estaba guiado por Dios y los gurús, nunca dejaba de afirmar con orgullo:

—¡Soy el único responsable de mi éxito! Me gusta interactuar con esos gurús porque son personas agradables; pero no necesito ninguno, porque todo el poder está en mí.

A menudo afirmaba que controlaba el estado de ánimo y las «vibraciones» de otras personas con el poder de su tercer ojo. Si alguien lo desafiaba, se ponía muy a la defensiva y mencionaba sus coches de lujo y su fabulosa casa. Si alguien lograba mostrar más riqueza de la que él tenía, Jack despreciaba su éxito; decía que llegaría el día en que esa persona se quedaría sin todo eso, al no tener el mismo «poder» que él.

Jack no aceptó nunca que necesitaba orientación espiritual. En secreto, daba dinero a una multitud de psíquicos y clarividentes para tratar de controlar ciertos resultados. Su ego siempre le decía que es el dinero el que lo hace todo, no Dios. Le encantaba mostrar su lado espiritual porque le permitía ofrecer la imagen de una persona agradable. Estaba seguro de que manejaba el universo. Su familia y sus amigos solían mofarse de sus ideas histéricas, pero él se reía de ellos diciendo que aún no estaban iluminados.

La burbuja estalló el día en que las autoridades legales acusaron a Jack de llevar a cabo actividades fraudulentas en su negocio, lo que le supuso unas enormes pérdidas económicas. Tuvo que vender su coche y su casa, y viajar por todas partes para encontrar trabajo. Puesto que se había burlado de tanta gente cuando estaba en su apogeo, no contaba ahora con su simpatía.

Jack es un ejemplo extremo de lo que puede ocurrir cuando alguien cree que no necesita ningún gurú. Estaba consumido por la ira, el deseo y los celos. Era tanto su afán de parecer un «hombre espiritual triunfador» que no tenía ni idea de cómo era por dentro. No tenía a nadie que le mostrara que su ego estaba fuera de control.

De alguna manera, nuestros egos nos atrapan a todos. Cuando nos vemos superados por la ambición y el deseo, perdemos nuestra creatividad interior y acabamos trabajando solamente por los honores y las recompensas que nos ofrece la sociedad. Esta dolorosa relación hace que el actor que hay en nosotros aparezca en escena. Nos ponemos máscaras sociales y bailamos al son de otros. El yo real se pierde en esta persecución ciega del éxito.

Unos pocos afortunados sentimos el profundo deseo de abandonar las máscaras y descubrir nuestra verdadera naturaleza. Pero este puede ser un viaje largo y frustrante si no contamos con un guía experto y benevolente. Hacemos todo lo que podemos para ver las estrategias de nuestros egos, pero no tenemos una visión clara al respecto. Estamos llenos de puntos ciegos y defensas.

Cuando nos negamos a trabajar con un auténtico gurú, no tenemos un espejo limpio que sostener delante de nuestros ojos. Es como mirar en un espejo sucio para ver nuestras caras, de modo que no las distinguimos con claridad. Creemos que vemos una mancha de chocolate en algún lugar cerca de la boca, así que limpiamos esa zona en general; pero no sabemos si dimos con el punto de suciedad. Estamos confusos. De la misma manera, podemos perdernos entre los interminables giros del ego. Incluso si pensamos que vemos algo importante, nunca lo sabemos con seguridad. Luchamos para cambiar pensamientos y comportamientos destructivos pero nunca vemos a través de ellos, para localizar la raíz de nuestro sufrimiento. Cualquier cambio que tratamos de hacer es superficial. Utilizamos una parte del ego para intentar destruir otra parte del ego: la parte que se avergüenza de un comportamiento ataca a la que lo ha manifestado, y nos creamos un bucle de sufrimiento interminable.

Podemos incluso recurrir a las enseñanzas espirituales, pensando que, como tales, podrán ayudarnos. Podemos memorizar técnicas de meditación, pero dichas técnicas son irrelevantes sin un gurú, porque no hacemos más que tomar lo que nuestras mentes piensan que es correcto. Por más potente que sea la técnica, no es útil si la aplica una mente poco clara y un ego enfurecido. Lo mismo es cierto en cuanto a la lectura de textos sagrados. Podemos leerlos por nuestra cuenta, pero las mismas mentes que estamos tratando de arreglar aparecen con argumentos y citas para justificar un pensamiento u otro. Tal vez sintamos algún alivio, pero no es duradero. No hallamos la sanación que buscábamos y llegamos a la conclusión de que las enseñanzas espirituales no funcionan.

ROMPE LA NORMA

TIENES QUE OBSERVARTE. EL GURÚ ES EL ESPEJO

Los gurús son como espejos recién limpiados que nos permiten mirarnos honestamente a nosotros mismos. En comparación con el espejo sucio del que habié antes, un espejo limpio nos mostrará si tenemos comida entre los dientes o el pelo revuelto. Los verdaderos gurús nos muestran las estrategias ocultas de nuestros egos; nos señalan directamente las máscaras que nos ponemos y la confusión en la que nos encontramos, sin rodeos. Cuando vemos nuestra locura en un espejo de aumento con una luz ultrapotente, podemos soltarla; podemos liberar espacio para que entre Dios.

Este es el secreto de los verdaderos gurús: la luz que arrojan en nuestras vidas no es más que un reflejo de nuestra propia luz. Los verdaderos gurús no afirman que poseen la luz que disipa la oscuridad e ilumina nuestros egos; todo lo que hacen es sostener un espejo para que podamos verlo por nosotros mismos. Este espejo nos muestra nuestro yo real.

Así que un gurú no nos da algo que no tengamos; solamente nos señala lo que no vemos.

Pero los gurús no se detienen ahí. Nos dan herramientas de limpieza perfectamente adaptadas para que podamos deshacernos de nuestros sufrimientos. Por nuestra cuenta, acaso estemos tratando de sacar una mancha de sangre de una superficie porosa con un plumero; sin embargo, un gurú nos proporciona las herramientas que nos permiten disolver incluso las ilusiones más implacables del ego que nublan nuestra conciencia.

Cuando un gurú te señala una técnica de meditación o un mantra, lo hace a partir de haber hecho una evaluación de tu energía. Entre los cientos de técnicas de meditación y mantras, te da el que es adecuado para ti. Tú no puedes ser el médico y el paciente al mismo tiempo. Si tienes una tos leve o un resfriado, puedes comprar algún medicamento sin receta en la farmacia, pero no es suficiente si quieres curarte completamente. Necesitas acudir a un médico especializado para acabar con el problema de raíz.

Tal vez te has pasado treinta años siguiendo el camino que tus padres te trazaron. Un día despiertas y deseas seguir tu propio camino, siendo fiel a ti mismo. Pero aunque has asistido a talleres para encontrar tu propósito y te has reunido con un *coach* para definir tus metas, continúas sin saber hacia dónde ir. Un gurú no va a decirte hacia dónde deberías encaminarte; lo que va a hacer es mostrarte tus puntos ciegos y darte herramientas para disolverlos. De ese modo podrás ver tu verdadero camino por ti mismo.

LOS PELIGROS DE DEPENDER DE UN GURÚ

Quiero abordar una creencia que tienen algunos buscadores: la de que siempre necesitan tener un gurú. Esto es tan perjudicial como decir «no necesito un gurú». La dependencia dañina surge cuando acabas en manos de un «gurú» desequilibrado que te hace sentir que vas a terminar en el infierno en el momento en que salgas de su zona de influencia. En muchos casos, estos «gurús» te convencen de esto tan suavemente que no te das cuenta hasta que el daño ya está hecho. Un «gurú» así te hace creer que lo necesitas; de lo contrario, serás un desgraciado. Algunos de estos llamados gurús también lanzan amenazas espirituales; les dicen a los sujetos que no estarán bendecidos y que serán infelices si dejan de verlos. En cualquier relación, la dependencia mata el honor y el respeto, y exprime la energía positiva del buscador. Así pues, si un gurú te asegura que sin él te vendrás abajo, ¡echa a correr!

| EJERCICIO | ESCLARECE TUS CREENCIAS ACERCA DE LOS GURÚS |

Trabajar con un gurú ha sido la experiencia más efectiva que he tenido nunca, y la que más me ha cambiado la vida. Si quieres experimentar una transformación verdadera y duradera, te recomiendo que examines cualquier creencia que tengas que te diga que no necesitas un gurú. Este ejercicio te animará a cuestionar tus dudas y creencias acerca de los gurús. No hay una manera correcta de responder a estas cuestiones; lo que quiero es que eches un vistazo a lo que te dice la mente.

Anota cinco razones por las que sientas que necesitas un gurú.

Anota cinco razones por las que sientas que no necesitas un gurú.

Ahora, pídele a un amigo o a otro buscador que haga el mismo ejercicio. Compartid vuestras respuestas. Este compartir os ayudará a entender las muchas opiniones que existen acerca de los gurús y, finalmente, a tener más claras las vuestras.

NORMA 10

UN GURÚ HACE MILAGROS

¿Quién no ama la magia? Objetos que desaparecen y reaparecen de la nada, trucos que parecen imposibles..., ¡es muy divertido! Los espectáculos de magia son fantásticos cuando se llevan a cabo exclusivamente con el fin de entretener. Pero la magia toma un giro oscuro cuando se afirma que proviene de la dicha espiritual.

Un gurú autoproclamado puede memorizar mantras y aprender *asanas* de yoga como todos los demás, pero tal vez sienta que él es más importante que el resto de los maestros, y diferente de ellos. Algunos gurús tratan de ensalzar su título por medio de mostrar algún tipo de poder paranormal. Gracias a la tecnología emergente y la educación, algunos trucos pasados de moda ya no pueden formar parte del negocio, pero muchos falsos gurús siguen intentando realizar su «guruidad».

Recientemente me encontré en YouTube con un hombre disfrazado (un «gurú») que había prometido a muchas personas que podía despertar la *kundalini*. Lo ignoré, pensando que era una broma, pero comencé a ver a otras personas en mi servicio de noticias de Facebook que hablaban de esto mismo. Estos hombres disfrazados logran vender sus trucos de magia porque hay quienes los compran.

Durante mis años en la escuela, vi un documental acerca de un popular gurú indio. Se centraba en los trucos de magia por los que era más conocido. Trucos como producir ceniza santa con las manos y actos por el estilo eran habituales en sus exhibiciones. El documental tuvo mucho eco y varias publicaciones de la India comenzaron a escribir historias en las que se afirmaba que ese gurú había acosado sexualmente a algunos de sus devotos.

Nunca tuve la oportunidad de conocer a este gurú cuando estaba vivo, pero conozco a muchas personas que no salen de su casa sin inclinarse ante su foto. El documental y las historias que se contaban en las noticias perjudicaron su popularidad, pero sigue siendo venerado a escala mundial por parte de incontables discípulos. No soy quién para juzgar sus milagros; yo no puedo hacer esos trucos. Tampoco he efectuado tanta labor caritativa como él. Mi única preocupación es que estas exhibiciones de milagros tienden a distraer a la gente del objetivo principal del camino espiritual, que es la autorrealización. El hecho de mostrar trucos como el de producir algo a partir del aire hace que un gurú espiritual se vea más bien como un mago. No niego que algunos rituales puedan ser místicos, pero presentar incluso lo más simple como místico aleja a la gente de la auténtica verdad.

Estamos demasiado condicionados por la idea de que la iluminación no puede tener lugar fácilmente. Creemos que tenemos que trasladarnos al Himalaya o encontrar un gurú que pueda levitar. Que te lean la mente no es un signo de iluminación. La levitación tampoco. Esto son fases que uno puede dominar. Pero si logran tentarte, la felicidad pasará a ser para ti un sueño lejano. Quiero advertir a los buscadores que no se emocionen con ninguno de estos trucos. Tu gurú no aparecerá como Superman. Así como los cuentos de hadas de Hollywood causan estragos en nuestra ideología romántica, la persona real que es un gurú no tiene nada que ver con estos estereotipos inventados.

Cuando el alma sufre, encuentra consuelo en quien sea que le prometa una solución. Si un hombre milagroso ofrece una solución, bienvenido sea. Nuestra naturaleza impaciente constituye un gran problema en el ámbito de la espiritualidad. Buscar atajos y milagros no permite resolver nada. Tenemos que darnos cuenta de lo perezosos que somos cuando se trata de abandonar nuestros sufrimientos. Tenemos que entender que se han presentado unos problemas y que debemos acometer un trabajo espiritual profundo para sanar nuestras heridas. Ahora es el momento de las soluciones. Ahora es el momento de sanar.

ROMPE LA NORMA
TODO ES UN MILAGRO

En 2004 había solicitado mi admisión en el Baruch College de la ciudad de Nueva York, pero no recibía ninguna respuesta al respecto. Lo comprobaba cada mañana, pero seguía sin estar admitido. Cuando llamé, me dijeron que llamara tres semanas más tarde. Dos días después, estaba desayunando con mi padre y me pidió que lo comprobase de nuevo. Le expliqué lo que me habían dicho los funcionarios de la universidad.

—Te han admitido. ¡Llámalos! –dijo mientras bebía su té con *masala* favorito.

Decidí llamarlos justo delante de él, solo para demostrarle que aún no me habían admitido. Llamé y el mensaje automatizado dijo: «Ha sido admitido».

Lo consideré un milagro.

Esta misma semana, una mujer visitó nuestro centro de Nueva York quejándose de dolores de cabeza, ansiedad y ataques de pánico. Le hice algunas preguntas y la puse a meditar durante media hora. Después, le impartí sanación y se calmó enseguida. Su marido, que lo había presenciado todo, dijo que era un milagro.

Los asistentes a mis charlas públicas me hacen muchas preguntas; algunas son generales, pero otras son muy específicas. A veces les respondo con preguntas de rutina; preguntas como estas: «¿Ves muchos animales en tus sueños?», «¿Viste el color azul en tu meditación?» o «Solías meditar sobre el Buda, pero dejaste de hacerlo por completo en los últimos meses; ¿por qué?». Cuando hago estas preguntas, y le estoy diciendo a la persona algo que solo ella sabe, se queda muy sorprendida. Piensa que es un milagro.

Mi *naani* (abuela) nunca fue a la escuela. No sabe escribir ni leer su propio nombre. Le mostré cómo el toque de mi pulgar puede desbloquear mi iPhone. Para ella fue un milagro.

Todas estas situaciones de la vida real me hacen preguntarme: ¿qué es realmente un milagro? Cuando sucede algo que está más allá de nuestro entendimiento, a menudo lo consideramos «una tontería» o «un milagro», según si nos gustó o no. Lo que hacen los médicos es un milagro para mí porque no soy una persona de ciencia. Lo que yo hago puede parecer un milagro o una estupidez absoluta a muchos médicos, según el interés que tengan por los asuntos espirituales. Antes de que se inventasen los aviones, la idea de viajar por el aire debió de considerarse una tontería o un milagro. ¡El sujeto que bebió leche por primera vez debió de ser considerado alguien repulsivo que estaba tomando un líquido asqueroso! La cantidad de situaciones que pueden parecer absurdas hasta que entendemos lo que realmente significan no tiene fin.

LOS MILAGROS SON NORMALES

Hacer que un pañuelo surja del aire (y otros actos similares) es un sinsentido, y todo gurú auténtico evitará por completo reivindicar que hace trucos como estos. Lo que necesitamos entender es que un milagro no es más que un concepto que aún no hemos entendido. Cuando lo comprendemos, se vuelve normal. Los milagros son normales.

Tengo un hermoso ejemplo de milagro impreso en mi sala de meditación. Es una historia sobre un gurú que viajaba en un avión con otros pasajeros. El avión se encontró con mal tiempo y turbulencias. El piloto les pidió a los pasajeros que se pusieran los cinturones de seguridad. Unos momentos más tarde, el avión comenzó a inclinarse hacia arriba y hacia abajo. La gente fue presa del pánico. Algunas personas empezaron a rezar y prometieron donar dinero si Dios las salvaba. Otras profirieron sus últimas oraciones. Las azafatas también estaban aterrorizadas.

El gurú que estaba en ese vuelo es muy popular y conocido por hacer milagros. Los pasajeros empezaron a pedirle que hiciera un milagro y los salvara, pero él se quedó sentado en silencio. El avión tembló más y todo el mundo pensó que se estrellaría. La gente seguía repitiendo oraciones y rogando al gurú que hiciera un milagro, pero él permanecía tan callado como su Dios. Afortunadamente, quince minutos después, el avión se estabilizó y aterrizó sin problemas en su destino. Los pasajeros aplaudieron. El piloto salió feliz. Sin embargo, el gurú no bajó del avión. Continuó sentado en su asiento y empezó a orar. Estuvo así durante unos minutos. Un pasajero le preguntó:

—¡¿Por qué diablos está rezando ahora?! Le pedimos una y otra vez que rezara, ¡pero ni siquiera respondió! ¿Y ahora no quiere salir del avión sin haber rezado? ¡Usted está loco!

El gurú sonrió.

—¿No ve el problema? –dijo–. Todos ustedes gritaban el nombre de Dios cuando querían un milagro rápido. Solo se acuerdan de Dios en los momentos de angustia; en el resto de los casos, Dios no es más que una idea feliz que toman prestada de sus libros sagrados. La oración real es una oración de gratitud. Yo hago milagros porque paso todo mi tiempo intercambiando amor incondicional con la divinidad. El momento de meditar es cuando se está alegre. Este es un momento especial.

El secreto para reconocer los milagros en nuestras vidas implica prestar más atención. Cuando nos centremos en las múltiples formas en que somos bendecidos, sintonizaremos el canal de los milagros. De repente, veremos milagros por todas partes. Al entender que lo que llamamos milagros en la espiritualidad no son momentos místicos, sino solamente resultados de un determinado proceso, la magia de la vida se vuelve normal. La posibilidad de un llamado «milagro» empieza a parecer más factible.

Cuando comprendemos esta norma, dejamos de sentirnos impresionados por todos los actos mágicos que llevan a cabo los gurús autoproclamados. Esos actos nos distraen de lo importante. La gente está tan impresionada con Jesús caminando sobre el agua que ignora sus historias de curación y perdón. Los indios hablan de la relación que tenía Krishna con los poderes místicos en lugar de tratar de seguir el ejemplo de sus actos de amor y bondad. Deberíamos mirarlo todo o no mirar nada como un milagro. Ese sería el modo de alejarnos de las tentaciones mágicas y aplicarnos al verdadero trabajo: la autorrealización.

EJERCICIO   ESCLARECE TUS CREENCIAS
SOBRE LOS MILAGROS

Anota hechos que siempre has considerado milagros.

Si ya tienes un maestro o un gurú, pregúntate si realiza alguno de estos milagros.

Si es así, repásalos y anota cómo te sientes en relación con cada uno de ellos.

NORMA 11

TODOS LOS GURÚS SON
UNOS ESTAFADORES

Supe del caso de un famoso terapeuta de Los Ángeles que envió a su hijo a estudiar al extranjero, donde se graduó con honores. A su regreso a casa como terapeuta cualificado, les regaló a sus padres un viaje de un mes a Europa.

—Papá, has estado trabajando demasiado –dijo–. ¡Ahora empieza tu tiempo de relajación! Yo me encargaré de la consulta de psicología mientras estés ausente.

Cualquier padre estaría orgulloso de esto, ¿verdad?

Los padres fueron a Europa y tras su mes de estancia allí, volvieron a casa. La primera pregunta que le hizo el padre al hijo al regresar fue acerca de cómo le había ido el trabajo en la consulta.

—Papá, te hará muy feliz saber los progresos que he hecho mientras estabas fuera –dijo el hijo–. ¿Recuerdas esa jovencita de Beverly Hills que estuvo viniendo a verte los últimos años? Ahora está mejor y ya no toma medicación. ¿Y ese tipo de Wall Street que viaja a Los Ángeles solamente para verte? Tampoco toma medicación, y solo necesita una sesión de seguimiento dentro de unos meses. ¡Ah, y Lisa, que ha estado viniendo a terapia de vez en cuando! Le pedí que empezara a meditar. ¡Ya se siente mejor! Y escucha esto...

—¡Espera! –le interrumpió el padre, enojado–. ¿Pensaste que yo no podía solucionar sus problemas? ¿Me creías un mal profesional por tenerlos en terapia durante tanto tiempo? Hijo mío, la señorita de Beverly Hills pagó tu matrícula. El cliente de Wall Street pagó tu automóvil. Y los años de terapia de Lisa permitieron que te alojaras en aquella residencia de cinco estrellas. Yo también podría haberlos arreglado en pocos días. Pero la primera regla de nuestro trabajo es no eliminar la raíz, sino seguir tratando los síntomas. Necesitas más formación, ¡maldita sea!

Escuchamos una historia como esta sobre alguien que se supone que debe ayudarnos a ser felices y lo hacemos extensivo a los gurús. Nos decimos a nosotros mismos: «¡Todos los gurús son unos estafadores!».

Mientras que los psicólogos son conocidos por ser profesionales que se ganan la vida ayudando a la gente, el papel del gurú se asocia a menudo con la controversia y el escándalo. Busca cualquier gurú popular en la historia y es probable que encuentres una controversia vinculada a él. Una de las principales razones de este problema es el hecho de que, a diferencia de otras profesiones, como la de médico y abogado, no hay forma de acreditar a un gurú. Cuando un gurú adquiere más autoridad, casi siempre adquiere también más sed de poder. Tarde o temprano, se convierte en un objeto de culto que no atrae más que a fanáticos. Cuando un ser humano obtiene demasiado poder y es adorado casi como un Dios, le resulta imposible gestionar su ego. La fe ciega de los buscadores, que vuelve humilde al gurú auténtico, hace que otros se vuelvan pomposos.

ROMPE LA NORMA
SOMOS RESPONSABLES DE LOS GURÚS FRAUDULENTOS

Si hemos sido lastimados, maltratados o traicionados por nuestros cónyuges, esto no significa que no vayamos a amar a nadie nunca más. El amor es un alimento para nuestra alma. Si construimos muros en un intento de bloquear el amor, la vida dejará de existir. Del mismo modo, si hemos seguido a alguien que se puso una determinada vestimenta y fingió ser un gurú, esto no significa que debamos dejar de buscar orientación.

Una vida desprovista de la gracia genuina de un gurú es como estar sentado encima de un tesoro escondido y no darse nunca cuenta. Toda situación tiene un lado positivo y otro negativo. No dejes que el lado negativo te atormente y te impida cosechar los beneficios del positivo. Cuando se trata de recibir o no guía espiritual, hay mucho en juego. Nuestro doloroso viaje puede dar un giro de ciento ochenta grados si empezamos a vivir la vida consciente a la que un gurú puede llevarnos.

OLVÍDATE DE LOS ATAJOS

Tendemos a caer porque queremos tomar un atajo. Un gurú auténtico nos hará *trabajar*; no alimentará nuestro ego. Puede ser que esto no nos guste al principio. Es probable que nuestras mentes nos digan que nos vayamos a otro lugar, donde alguien nos está prometiendo un milagro. No estoy en contra de los milagros y la sanación por la fe, pero sí contra los atajos espirituales.

Si tenemos la tentación de tomar atajos, eso hará más fácil que nos veamos explotados por un sujeto fraudulento. La sanación espiritual no entiende de atajos, como nada en la madre naturaleza. Mira los árboles, las montañas y las estaciones. Todos ellos se toman su tiempo para evolucionar. No tienen prisa. Nosotros sí.

Un gurú te hará sentir incómodo, aguijoneará tu ego inflado y hará que te veas sin censuras. Si deseas manifestar tu máximo potencial, estate dispuesto a renunciar a atajos y hacer el trabajo necesario. La sanación espiritual no está sujeta a garantías y no reconoce los atajos.

CÓMO ENCONTRAR UN VERDADERO GURÚ

¿Qué haces cuando tienes que comprar un coche nuevo o una casa nueva? Supongo que emprendes una búsqueda, pides su opinión a tus amigos y utilizas tus propios conocimientos para efectuar la compra correcta. Incluso cuando adquieres un nuevo teléfono o una nueva tablet, tu decisión se basa en lo que te gusta, lo que está disponible y lo que se adapta a tu estilo, ¿verdad? También eliges cuidadosamente a tu compañero o compañera de vida. ¿Te casarías con una persona que no te gustase desde el primer día? Espero que no.

Por lo tanto, ya que eliges lo más importante de tu vida a partir de la búsqueda y la afinidad, se trata de elegir al gurú aplicando el mismo modelo, ¿verdad? Elegirás al gurú que te guste. Hallarás consuelo en el gurú que te haga sentir cómodo. Buscarás el gurú que encaje con tu estilo de vida.

No tan rápido.

Encontrar un gurú no se parece en nada a comprar algo para uno mismo. Un gurú no tiene la intención de hacernos sentir más cómodos. Los gurús llegan a nuestras vidas para pulsar nuestros botones y encender la transformación. Así que no podemos ir de un lugar a otro buscando el que se adapte más a nosotros. Cuando decidimos que estamos listos para tener un gurú, lo mejor que podemos hacer es empezar a trabajar con nuestros egos.

El mayor obstáculo para encontrar un verdadero gurú es el ego. Recuerda que puedes pensar que *ego* significa *edging guru out* ('apartar al gurú'). Si apartas al gurú, el ego entrará. Permite que entre el ego, y el gurú saldrá. El ego nos impide aceptar la idea de que alguien de carne y hueso pueda enseñarnos lecciones de vida.

La famosa frase «el maestro aparece cuando el estudiante está preparado» es absolutamente cierta en esta situación. La verdad última es esta: *no puedes encontrar un gurú. Solo puedes dejar que un gurú te descubra. Lo único que puedes hacer es prepararte para que el gurú lleve a cabo este descubrimiento.* Prueba todo lo que quieras; si sales a buscar un gurú, puedes aterrizar en un lugar en el que tu ego se vea alimentado. Y eres demasiado valioso para terminar en las manos equivocadas.

CÓMO RECONOCER A UN VERDADERO GURÚ

Puesto que no puedo enseñarte cómo salir y buscar un gurú, quiero hablar de cómo puedes reconocerlo cuando aparezca uno en tu vida. A continuación encontrarás una lista de rasgos que comparten todos los gurús auténticos. Ten en cuenta que estas señales *solo* podrás verlas después de la rendición de tu ego, o al menos cuando empieces a echarlo a un lado.

Un verdadero gurú ofrece soluciones que requieren que crezcas

Las soluciones que brinda un gurú no son una especie de respuesta convencional a un problema. Ningún gurú te dará una solución fácil. No hay nada más incapacitante para un buscador espiritual que conseguir una solución sin trabajar por ella. Una vez me dijeron que un gurú nunca saciará tu sed dándote respuestas; en lugar de eso, hará que te cuestiones más, para que te inspires a encontrar las respuestas por tu cuenta. ¡Estoy totalmente de acuerdo!

Crecí escuchando a gente que me decía que nunca tendría que esforzarme demasiado porque mi padre y mi abuelo son gurús de mucho talento. Casi me convencieron de que yo era el siguiente Superman. Pero la realidad se impuso pronto, cuando mi padre me advirtió que él nunca me daría una solución «lista para usarse». De hecho, me hizo esperar cinco años antes de darme mi primer mantra, para que pudiera entender el valor de lo que estaba aprendiendo. También tardé algo más de cinco años en recibir mi primer collar de cuentas para meditar.

Las soluciones que provienen de un gurú no se basan en ninguna noción preconcebida. Se crean a medida que la persona evoluciona. El gurú cuestiona las soluciones del buscador y le ayuda a hallar respuestas auténticas a sus problemas.

Un gurú te ayuda a darte cuenta de tu responsabilidad

Puesto que ahora hay máquinas que nos sustituyen, no se nos considera tan responsables como antes. No encuentro a un ser humano cuando ingreso dinero en el banco o cuando lo retiro, ni hay ningún humano que me registre en los aeropuertos. Puedo depositar cheques a través de mi teléfono o el cajero automático y obtener mi tarjeta de embarque en la aplicación de mi *smartphone*. Y hay muchas situaciones en las que hablamos con máquinas para resolver nuestros asuntos. Esta actitud de despreocupación no es buena. Cuando no hay responsabilidad, no hay que rendir cuentas. No podemos evolucionar a una conciencia elevada hasta que asumamos la responsabilidad de nuestras acciones. Podemos culpar al presidente, al gobierno, a nuestros padres, a la sociedad o a la religión, pero en última instancia debemos resolver nuestros propios problemas. La inculpación no ayuda en nada.

Un gurú hace que te des cuenta de tu responsabilidad por medio de dejarte dirigir tu propio camino. Su trabajo es convertirte en un buscador fuerte, capaz de hacer frente a cualquier desafío de la vida. Una persona mimada a menudo resulta ser demasiado blanda para el mundo, mientras que una que lo ha tenido difícil cuenta con más posibilidades de tener éxito, porque ha superado desafíos. La iluminación espiritual incluye experiencias intensas. Estas experiencias crecen maravillosamente cuando el buscador está listo para asumir la responsabilidad de seguir un camino espiritual. De acuerdo con el gurú, tu responsabilidad no se limita solamente a tus acciones diarias; va mucho más allá de eso. Todo lo que hacemos en esta vida (todo éxito y todo fracaso) es el resultado de nuestras acciones e intenciones. Responsabilidad significa capacidad de responder a la vida. No significa lo que otros esperan que hagas. Esto último no es más que condicionamiento. Un gurú te enseña a que finalmente respondas sin miedos. Como resultado, te vuelves espontáneo y entiendes la verdadera melodía de la vida.

Un verdadero gurú debe estar vivo

El gurú debe estar vivo. Me refiero a lo suficientemente vivo como para abrazarte o darte una patada psicológica cuando lo necesites. Cuando el gurú está físicamente ausente, otros se convierten en sus sucesores e interpretan sus enseñanzas a su manera. Hoy en día no tenemos al Buda, a Mahoma, a Krishna o a Jesús, pero puedo afirmar que se han malinterpretado algunas de sus enseñanzas.

Cuando el gurú está vivo, hay una vibración presente. Te da libertad y, al mismo tiempo, te guía en tu camino. Todos los libros y las enseñanzas del gurú pierden su significado justo después de que su cuerpo físico ha fallecido, porque el gurú vive en el presente. El pasado y el futuro son irrelevantes para él. Su solución al mismo problema puede cambiar con el tiempo, porque la energía del estudiante, o incluso la energía del mundo, puede no ser la misma. Un gurú responde al momento presente, no a información del pasado.

Siempre digo que si encuentras un gurú, no lo dejes nunca. Mientras esté vivo, puede enseñarte a descubrir al Dios en ti. Cuando el gurú se ha ido, puedes fundar una religión o crear una fundación sin ánimo de lucro en su nombre, pero la oportunidad ha pasado. Más tarde, no harás más que vivir de recuerdos. Por supuesto, hay muchos gurús que siguen guiando a sus buscadores incluso cuando sus cuerpos físicos han dejado de existir, pero mi consejo es que hagas todo el trabajo mientras tu gurú siga vivo. Las sesiones de enseñanza después de la muerte solo son posibles con los buscadores que ya estaban trabajando en planos superiores cuando el gurú se hallaba físicamente presente.

Un verdadero gurú quiere que seas independiente

Cuando eras niño, tus padres te tomaron de las manos para ayudarte a caminar. ¿Todavía lo hacen? Supongo que no. En algún momento, tuvieron que dejarte caminar por tu cuenta. Por supuesto, probablemente te caíste algunas veces, pero te levantaste de nuevo. Se aseguraron de que no te hubieses hecho daño, pero también se aseguraron de que no dependieses demasiado de ellos. Los padres que hacen que sus hijos sean demasiado dependientes los perjudican, física o mentalmente. Un gurú que te hace dependiente de él y que no te suelta espiritualmente te paraliza.

Un verdadero gurú va más allá de la religión

El mensaje del gurú va más allá de la religión y de todas las otras normas populares. El gurú no repite citas pesadas de las escrituras; en lugar de ello, te guía a partir de la experiencia. Te aceptará con la religión que tengas; no tendrás que convertirte a ninguna. En la década de los sesenta, en el norte de la India, mi abuelo siempre tenía estudiantes de todas las religiones y creencias. Los de mi padre son variados y proceden de distintas culturas. Les sugiere oraciones pertenecientes a sus propias creencias. Aprendí de él esta apertura. La gran mayoría de mis estudiantes no son hindúes y nunca hemos discutido sobre temas de religión o conversión. Según mi experiencia con muchos otros gurús, su apertura respecto a la religión les ha resultado siempre muy positiva. Alguien que ha comprendido verdaderamente el significado del amor divino no perdería el tiempo en las divisiones religiosas.

Si te encuentras con alguien que te promete la felicidad eterna si te conviertes a una fe diferente, ten cuidado. Lo único que funciona es la transformación del ser. Esta transformación no tiene que exigir ninguna religión. Puede tener lugar con o sin religión si el buscador está listo para rendirse al camino del gurú.

Un verdadero gurú desmontará tu ego

Un gurú atacará a tu ego desde muchos frentes. Puedes o bien tomarte estos ataques como insultos o bien aprender a entender las lecciones ocultas en ellos. El problema es que estamos programados de tal manera que cualquier método simple para curarnos del ego no funciona. La sociedad, las escuelas y los padres alimentan nuestros egos. Y una persona, el gurú, quiere desintoxicarnos de toda la confusión que nos provocan. Es mucho trabajo, pero se puede acometer si el buscador se aplica en ello.

* * *

Como puedes ver, pienso que trabajar con un verdadero gurú es una de las mejores elecciones que puede hacer un buscador. El gurú puede ver tus puntos ciegos, pulsar los botones necesarios y traspasar tu ego. De hecho, es el camino más directo a Dios en esta vida. Si tienes curiosidad acerca de la relación con un gurú, basta con que sostengas la intención de obtener una mayor claridad al respecto. Si sientes un fuerte deseo de conocer a un gurú, realiza el siguiente ejercicio. No puedo garantizar que un gurú te descubra, pero puedo ayudarte a prepararte para este encuentro tan favorable. Las observaciones que he hecho en este capítulo te ayudarán a distinguir a los gurús verdaderos de los fraudulentos.

EJERCICIO   PREPÁRATE PARA QUE
                                   UN GURÚ TE ENCUENTRE

Este ejercicio es una invitación a que te observes a ti mismo.
Cuando contemplas tus acciones y decisiones, ¿crees que
obedecen a la influencia del ego o del amor?
Responde las siguientes preguntas en tu cuaderno:

- ¿Qué es lo que te ofende? ¿Con qué rapidez te ofendes?
- ¿Juzgas a los demás con facilidad?
- ¿Dedicas tiempo a reflexionar sobre las decisiones que
  tomas cada día?

Antes de comenzar tu meditación, añade este propósito: «Mi
intención es prepararme para el gurú que me aceptará como
buscador. El universo y Dios me están preparando para mi
gurú todos los días en todos los sentidos».
Ahora, empieza con tu práctica de meditación.
Sigue enfocándote en tu propio ego y envía esta intención al
universo. El gurú aparecerá cuando estés preparado.

ELEVARSE EN EL AMOR 6

Hace años, me encontré con un amigo que estaba a punto de cumplir los cuarenta. Después de hablar del tiempo, sobre política y películas, la charla viró hacia el amor y las relaciones.

—Entonces, ¿cuándo te casas? –le pregunté.

—Aún no –respondió–. Estoy buscando la mujer ideal. ¡Ya sabes, la señorita Perfecta!

No pregunté nada más y salimos a cenar. Varios años más tarde, me encontré con él por casualidad en una función familiar. Tuve que preguntarle si llegó a conocer a la «señorita Perfecta».

—¡Pues sí! –exclamó–. Era todo lo que me había imaginado: hermosa, sin defectos... Todo parecía perfecto.

—¿Dónde está? –le pregunté. Miré a mi alrededor con curiosidad para ver si podía reconocerla entre la multitud–. ¿Cuándo te vas a casar? ¿O ya estás casado?

—No estamos casados –contestó–. Me dijo que no. Estaba buscando al señor Perfecto, y no era yo.

Esta historia ilustra las normas que nos han enseñado acerca del amor. Creemos que el amor viene bajo una forma determinada, de una manera en particular. Mientras estamos todos ocupados en busca del señor Perfecto o la señora Perfecta, el resultado es que mantenemos alejado el amor que buscamos. Nunca nos damos cuenta del amor puro que todos anhelamos.

En nuestro andar por la vida, ansiamos muchas cosas. El deseo de amor es el anhelo más fuerte de todos. Todo el mundo tiene una necesidad intensa de amor: un bebé recién nacido, un abuelo de ochenta años, o incluso un preso que ha cometido un crimen atroz. Así como el cuerpo físico necesita alimento para sobrevivir, el alma necesita una dosis saludable de amor para vivir.

Pero el problema es que, a escala colectiva, hemos puesto el amor en una caja. Vivimos nuestras vidas según los principios que nos han enseñado la sociedad, la religión, el gobierno, los profesores y los padres. El amor es el más incomprendido de todos estos principios. El daño que se ha hecho en su nombre es irrecuperable. La frase *te amo* se ha convertido en un mantra que tiene la capacidad de calar en el corazón de una persona y hacerlo estallar. Esta frase, que una vez fue significativa, hoy día se reduce a menudo a una declaración vacía.

ENAMORARSE

En inglés, *enamorarse* se traduce literalmente como 'caer en el amor' (*falling in love*), y hay una razón muy simple por la que nos enamoramos tan fácilmente: caer siempre es fácil. Tanto si saltas de una plataforma de un metro y medio de altura como de un edificio de quince metros, solo tardarás unos segundos en llegar al suelo. Y aunque enamorarse no es lo mismo que caer de un edificio, es una caída que ha tentado a muchas almas a lo largo de la historia. El amor parece atractivo y asombroso al otro lado de la caída, y nos olvidamos de todo para poder saltar.

Si te precipitas al vacío desde un rascacielos, no sentirás nada más que aire hasta llegar al suelo. El problema empieza cuando la caída finaliza. En el momento en que golpeas el suelo, sientes dolor, y una caída así es probable que ponga fin a tu vida. Me disculpo por darte una imagen tan horrible de enamorarse, pero es hora de que todos afrontemos el verdadero problema.

Los cuentos de hadas han hecho que enamorarse parezca algo fantástico, pero en la vida real aparecen las dificultades. Muchos de nosotros tenemos una fantasía acerca de cómo será el amor romántico y lo que nos hará sentir. Tal vez pienses que tu «alma gemela» tendrá un cuerpo perfecto, será inteligente y triunfadora y poseerá el potencial de obtener unos buenos ingresos. Acaso esperes que te entienda completamente, acepte tus defectos, te dé placer en el dormitorio y satisfaga todas tus necesidades emocionales. ¡Y, por supuesto, esta persona querrá casarse contigo!

Pero lo que ocurre a menudo es que proyectamos esta fantasía de perfección sobre cualquier individuo con el que estemos saliendo. La fantasía se mezcla con las endorfinas y el deseo desesperado de ser amado. Estos ingredientes componen un potente elixir que intoxica. Caer en el amor, incluso saltar en él, parece una sensación divina. Pero tarde o temprano nos despertamos y vemos que nuestras ideas sobre lo que «debería» ser el amor no son aquello en lo que caímos.

En este punto, podemos sentir cólera, resentimiento, dudas e incluso desesperación. Pensamos: «¿Cómo puede tener tantos defectos mi ser amado? ¿Dónde está mi *verdadera* alma gemela?».

ELEVARSE EN EL AMOR

En lugar de caer en el amor, necesitamos elevarnos en el amor. Necesitamos evolucionar más allá de nuestras creencias limitantes sobre la naturaleza del amor. Tenemos que entender que el amor es mucho más que nuestros modelos de las almas gemelas, el matrimonio, la familia y los niños. Estas ideas se han visto corrompidas a lo largo de generaciones por las religiones, los medios de comunicación, las familias y el conjunto de la sociedad.

He aquí un ejemplo de lo ridícula que puede llegar a ser esta distorsión: en algunas tradiciones, no está permitido tocar a la mujer antes del matrimonio; sin embargo, se permite tener sexo salvaje en la noche de bodas. Esto no es la celebración del matrimonio; es una violación encubierta. Pues bien, hay muchas personas que creen que este comportamiento es una expresión de «amor» aceptable.

Cualquiera puede definir el amor de cualquier manera, sea o no cierta dicha definición. Sin embargo, la verdadera naturaleza del amor no puede definirse, porque el amor es libre. Y es libre porque *es* lo divino, y lo divino es ciertamente libre.

Nuestro anhelo de amor y nuestro anhelo de Dios son el mismo. Cuando amamos a otro, estamos tocando a Dios en esa persona. Del mismo modo, amar a los seres humanos es entrenarse para amar lo divino. Elevarse en el amor significa llevar nuestras viejas y aburridas definiciones del amor a la luz de Dios. En lugar de caer en las ilusiones, nos elevamos en la verdadera invitación del amor.

Sabremos que hemos aceptado la invitación del amor porque estaremos libres del dolor. El amor ha sido acusado constantemente de provocar un dolor miserable. Pero este dolor no se debe al amor, sino a las ilusiones que hemos etiquetado como amor. Enamorarse significa que creemos que esa persona colmará nuestras ilusiones acerca de lo que es el objeto perfecto de nuestro afecto. Cuando es incapaz de hacerlo, sentimos dolor. Esto ocurre porque le ponemos condiciones al amor. Pero el amor no solo es libre; también es incondicional.

Elevarse en el amor significa ver el amor incondicionalmente en toda la creación. No hay dolor en el amor cuando aceptamos cada momento sin condiciones. ¿Cómo podría haberlo? La aceptación es el camino hacia la libertad y el amor auténtico. Cuando nos aceptamos a nosotros mismos y aceptamos a quienes tenemos alrededor, conectamos con el amor divino.

ELÉVATE PARA CONVERTIRTE EN TU VERDADERO YO

Elevarse en el amor comienza con uno mismo. Es una invitación a deshacer las normas que hemos absorbido y a aclarar lo que significa verdaderamente el amor en nuestros propios corazones. No sirve de nada leer sobre el amor y pasar a la siguiente ocupación del día. Cada uno debe indagar acerca de la verdadera naturaleza del amor por sí mismo.

Si tienes dudas sobre el amor, dedícales tu atención. Probablemente albergas esas dudas en tu mente debido a tu condicionamiento. Medita sobre ellas y, con el tiempo, te verás envuelto por una hermosa claridad. Esta claridad es tu verdadera naturaleza, libre de dudas. Meditar sobre las dudas no significa darles más energía. Cuando meditamos sobre algo, observamos su verdadera naturaleza; no nos apegamos a ello o nos identificamos con ello. Más bien vamos más allá del control que ejerce sobre nosotros. Yo medito sobre mis miedos y mis dudas. Hacer esto me ayuda a entender que no son más que ilusiones que yo mismo he creado, y empiezan a desaparecer cuando los observo con una energía consciente.

El verdadero amor es una experiencia que nos vacía lo suficiente para que podamos llenarnos con lo divino. El ego vive en nuestras cabezas; pero el amor mora en el centro de nuestro ser, en nuestro corazón. La luz del amor brilla desde nuestro centro hacia nuestras zonas más oscuras; cuando esto es así, estas zonas no pueden retenernos más. De esta manera, el amor mata al ego. Nos hace rendir nuestras identidades superficiales para que podamos elevarnos con el fin de convertirnos en nuestro verdadero yo. Para que puedas experimentar este vacío, te sugiero que seas más consciente de tus emociones. El ego nos dice que no debemos ser vulnerables; sin embargo, nos encontramos con momentos en que no podemos resistirnos a llorar, reír y sentir el amor romántico. Una manera en que puedes ver que esto ocurre en tu caso es reconocer el centro de tu corazón en el contexto de la meditación. Meditar sobre el corazón te ayudará a liberar miedos y emociones reprimidas. La clave es no juzgar ninguna emoción; limítate a dejar que fluyan.

Cuando el ego se aparta del camino, sabemos que el amor no es lo que decimos o hacemos. El amor es quienes somos.

Si no estás expresando amor, no estás siendo tú mismo. Descubrirás que tu verdadero yo solo está hecho de amor. Este es el verdadero significado de *amarse a sí mismo*. Cuando observas tus defectos y tus demonios sin juzgarlos, sientes una compasión inmensa en el centro de tu ser. La energía de esta autocompasión es tu verdadera naturaleza. Viene de dentro para alimentar a tu alma primero, y después no puede evitar desbordarse.

Así como nuestro cuerpo necesita alimento, nuestra alma necesita amarse a sí misma para sobrevivir y mantenerse saludable. No ser capaces de amarnos a nosotros mismos tiene consecuencias perjudiciales. Podemos sentirnos solos, deprimidos e indignos de felicidad. Las personas que no se aman a sí mismas acostumbran a luchar para tener relaciones saludables en sus vidas. Amarse a sí mismo no es el resultado de aplicar un método o una técnica sino que tiene que convertirse en una cualidad, en un estado de conciencia. El amor por uno mismo no necesita la aprobación de los demás. Seguramente te encontrarás con tus demonios internos mientras cultivas el amor por ti mismo, pero no los alimentarás. No te identifiques con tus miedos; tampoco te defiendas ni huyas de ellos. Sé el observador de este proceso.

Las siguientes tres normas son ideas erróneas frecuentes en nuestra cultura, que nos hacen dudar de que el amor libre e incondicional sea nuestra verdadera naturaleza. Mientras lees, date tiempo para contemplar cada norma por ti mismo; de lo contrario, mis palabras solo añadirán una capa más a tu condicionamiento. Cada uno debe hacer el esfuerzo de descubrir el verdadero amor a su manera. Espero que las siguientes ideas te conduzcan a hacerte preguntas sobre el amor que sean relevantes para ti. Entonces podrás elevarte en el amor.

NORMA 12

POSEEMOS A LAS PERSONAS A LAS QUE AMAMOS

Cuando nos encontramos con una persona que nos evoca sentimientos de amor y alegría en el corazón, es habitual que queramos aferrarnos a ella. Pensamos: «Si esta persona sale de mi vida, el amor se alejará de mí».

Veo a muchos individuos que, en su inseguridad, temen que su pareja potencial los deje por un mejor partido. De modo que quieren asegurar el vínculo. Muchas personas se casan solo para asegurarse de dejar bien atado su porvenir. Se nos enseña a poseer lo que sea para hacerlo nuestro. Se nos hace firmar papeles de posesión para que quede claro que la propiedad que compramos es nuestra. Estas reglas, sin embargo, son solamente útiles en el terreno material; en el ámbito del amor, causan estragos. Las relaciones basadas en la posesión acaban haciendo, simplemente, que el uno posea al otro.

A menudo me pregunto por la mentalidad que tenía la persona que inventó la idea del matrimonio. Debió de haber murmurado: «Te amo. De veras que te amo. Y te amo tanto que quiero que el gobierno, la religión y la sociedad te hagan mía. Solo mía».

Pero ¿es un matrimonio legal la garantía de que tu ser amado seguirá queriéndote? No necesariamente. Aunque tengas un documento legal que asegure tu vínculo con tu cónyuge, esto no constituye ninguna garantía de que vuestra relación no vaya a terminar nunca. El amor no sigue las reglas que proyectamos sobre él. Podemos estar tan ocupados asegurándonos de que una relación dure para siempre que nos perdamos el gozo que tiene por ofrecernos en el presente. Y cuando tratamos de hacer que alguien sea esclavo de nuestras emociones o necesidades, nunca conseguimos lo que buscamos. Obtenemos un amor ficticio, irreal. Esto hace que la calidad de la relación se resienta.

Queremos poseer a alguien o ser poseídos porque anhelamos seguridad. La posesión puede significar controlar a nuestra pareja o exigirle que actúe de cierta manera. Podemos experimentar una especie de sentido de la propiedad en nuestras relaciones. Esto es perjudicial, como mínimo, en cualquier relación. Esta posesión, tanto si tiene lugar en el seno de una relación romántica como no romántica, nos hace experimentar la ilusión de que la otra persona nos pertenece solamente a nosotros. Pero la posesión nunca puede brindarnos seguridad. La paradoja es que cuando tratamos de poseer el amor lo mantenemos alejado. La posesión arruina cualquier posibilidad de amor que hubiera. Esto es así porque si no soltamos y permitimos el amor incondicional, no podemos sanar a un nivel profundo.

Solo el amor incondicional nos hace sentir verdaderamente seguros. El amor verdadero es la fuerza curativa más potente que existe. Es lo que rompe nuestro condicionamiento para que podamos conocer nuestra verdad. A veces se atribuye la sanación a Dios o a la meditación, pero ambos conceptos tienen que ver con el acceso al amor puro.

ROMPE LA NORMA

EL AMOR Y LA LIBERTAD
VAN DE LA MANO

¿Recuerdas que antes, en este mismo capítulo, he dicho que el amor es libre? ¡Pues es verdad! No se puede predecir ni controlar. Cuando finalmente admitimos que no podemos controlar el amor por medio de plantearle exigencias a nuestro compañero o compañera, podemos darnos cuenta de que el amor está vivo en cada momento. Esta es la presencia pura e incondicional que todos deseamos realmente. Es mucho más grande que cualquier concepto sobre la seguridad o la permanencia al que podamos dar crédito. Cuando confiamos en este poder, podemos renunciar a nuestros intentos de controlar o poseer al otro. Vemos que el amor fluye sin esfuerzo, sin necesidad de estrategias.

¡Es un gran alivio dejar que el amor sea libre! Cuando permitimos que el amor esté al cargo, podemos relajarnos. Podemos admitir que el amor es más inteligente que nosotros. Nos sostendrá incluso si cometemos equivocaciones, e incluso si nuestros objetos de amor abandonan nuestras vidas.

Te invito a que retires las garras de todos aquellos a quienes amas. Estas garras pueden ser evidentes –por ejemplo, tal vez estás importunando constantemente a tu pareja con la idea de que se case contigo– o más sutiles –por ejemplo, tal vez sientas cierta ansiedad cada vez que tu pareja sale con sus amigos–. Cualquier ansiedad en relación con lo que hará o no hará tu ser querido, así como cualquier intento de controlar el devenir de tu relación, es un exponente de la posesión, y esto va contra el flujo de la vida.

Renunciar a la posesión tiene que ver, en última instancia, *contigo* y con *tu* libertad. Cuando estás preocupado por si otra persona estará contigo durante más o menos tiempo, no puedes ver tu propio propósito. No puedes sentir el amor incondicional que habita en cada momento. Estás creando tu propio sufrimiento. Así que suelta tus garras, depón tus estrategias. Ábrete al amor que está *aquí*, con independencia del otro –o de lo otro–. Si hacemos esto, seremos adoradores del amor en lugar de adoradores de objetos.

LIBERTAD + AMOR INCONDICIONAL = CRECIMIENTO

El amor incondicional es también el ingrediente secreto del crecimiento. Si tratamos de mantener a nuestros seres queridos en un puño, sentirán que no pueden crecer ni expresarse, y estarán insatisfechos. No tendrán la libertad de ser quienes realmente son. No tendrán la oportunidad de probar experiencias nuevas y cometer errores. Pero si renunciamos a nuestras definiciones de cómo «deberían» ser nuestros seres queridos, pueden convertirse, como corresponde, en personas animadas, apasionadas, que vivan su propósito de vida. Y nosotros también.

Yo estoy casado con una mujer maravillosa que es mi mayor fuerza en la vida. En la tradición matrimonial india, se camina alrededor de un fuego sagrado siete veces, lo cual consolida la promesa de que los dos cónyuges vivirán juntos amándose y protegiéndose mutuamente. Cuando mi esposa y yo hubimos completado las siete vueltas, la miré y le pedí que diésemos una octava, para prometer que nunca dejaríamos que nuestro matrimonio interfiriera en nuestro amor.

Desde entonces, hemos vivido cada día tal como viene. Estoy casado, y sin embargo no estoy viviendo según las leyes establecidas para el matrimonio. Para mí, la parte más importante de nuestro vínculo es nuestra libertad y el hecho de que nos permitamos encontrar el significado de dicha libertad. Esto nos ha ido muy bien hasta ahora. Puede ser que llegue el día en que ya no nos vaya bien, pero ¿quién lo sabe? Nos hemos prometido no proyectar el amor o cualquier historia fantástica el uno en el otro; esto nos ha permitido combinar nuestros colores sin perder nuestras tonalidades originales.

¿AVENTURAS EXTRACONYUGALES? SIGUE TU IMPULSO

En la cultura india, es un pecado y un tabú divorciarse o disolver un matrimonio. Este tabú ha dado lugar a la represión en muchas relaciones y a un sinfín de aventuras extraconyugales.

Sé consciente de que aquello que reprimas volverá a ti. Es perfectamente correcto sentirse atraído por otra persona estando casado. Es algo que no se puede negar. Te encuentras con alguien que tiene una personalidad encantadora y admiras a esa persona. Esta admiración puede llevar a que dicha persona te guste profundamente. Quienes afirman que nunca se sienten atraídos por nadie más mientras mantienen una relación se engañan a sí mismos. Es natural admirar la belleza. Si niegas este hecho o huyes de él, tarde o temprano aparecerá alguien y ocurrirá.

Incluso puedes enamorarte de una persona y tener lo que se llama una aventura extraconyugal. Estas aventuras tienen lugar porque se está persiguiendo algo. El sexo no tiene por qué ir acompañado del amor para que suceda esto. Hay una sed que aún no ha sido saciada. Puede tratarse de hambre de sexo o de una energía vivificante. Mi sugerencia es que lo explores, sin miedo. No lo contengas. Sea cual sea la acción que elijas, sé muy consciente de lo que estás haciendo. Hazte preguntas más profundas y respóndelas con la mayor honestidad. ¿Ha llegado la hora de dejar tu matrimonio? ¿Es esta aventura extraconyugal un mero respiro de la monotonía de tu vida, o anuncia otra relación amorosa de largo alcance? No soy quién para juzgarte, pero quiero que te hagas estas preguntas mientras estás tomándote este «respiro» respecto de tu matrimonio.

Si decides ir por este camino, comunícale a tu pareja, de forma clara, tus intenciones. Cualquier relación que contenga mentiras y falta de honestidad se encaminará al desastre. Pero una verdad dura despeja a veces muchos malentendidos. No estoy sugiriendo que te impliques en «relaciones abiertas» necesariamente, en las que uno cambia constantemente de pareja. Mi intención es que tú y tu pareja seáis conscientes de cualquier problema. El deseo de un romance puede tener su origen en la falta de amistad entre ambos. Sea cual sea el problema, hay que abordarlo con coraje. Sí, puede ser que tu pareja no se tome bien tu honestidad y que la relación se acabe, pero esta tampoco está siguiendo su mejor curso si no podéis hablar de un tema tan importante.

Muchas tentaciones de «aventuras» se desactivan con la meditación. Cuando conectamos con ellas y gestionamos nuestras emociones con atención plena, podemos darnos cuenta de que en realidad no es lo que queremos. En estos casos, un mentor espiritual, o incluso el apoyo de un buen amigo, puede ayudarnos a gestionar bien la situación. Recuerda que el amor no necesita el sexo para sobrevivir. Actúa con inteligencia.

EJERCICIO	ACEPTA INCONDICIONALMENTE A TU PAREJA

Este ejercicio está pensado para hacerlo en pareja, justo antes de acostaros por la noche.

Limpiad la habitación. Poned hojas frescas en la cama y encended una vela aromática.

Sentaos uno frente al otro. Haced algunas respiraciones profundas.

Miraos a los ojos. Haced que las puntas de vuestros dedos se toquen. Seguid así y respirad juntos.

Abríos al amor y la sanación mutuos.

Visualizaos como un depósito de amor y extraed el amor del otro.

Continuad durante diez minutos.

NORMA 13

OTRA PERSONA PUEDE COMPLETARNOS

—Tú me completas.

—Me siento uno contigo.

—Ahora que estamos casados, estamos completos.

Queridos amigos: el uso generalizado e inconsciente de afirmaciones románticas como estas daña seriamente el chakra del corazón. No estoy bromeando. Toda la idea de las relaciones, en estas declaraciones, se basa en la dependencia respecto de una segunda parte. Se nos enseña a creer que si pudiésemos encontrar a nuestra «alma gemela» toda nuestra vida se pondría en orden y seríamos por fin felices. Esta idea está tan fuertemente arraigada en nosotros que constantemente nos sentimos excluidos, o sentimos como que falta algo en nuestras vidas, mientras no tengamos una relación.

El problema que presenta esta ilusión colectiva es que hace que parezca normal evitar asumir la responsabilidad por uno mismo. Nadie quiere limpiar su yo interior, pero todo el mundo desea que aparezca la persona perfecta y llene sus vacíos. Muchos solteros buscan sanarse a sí mismos de un dolor de la niñez o recuperarse de una relación abusiva del pasado a través de la persona con la que están saliendo. En lugar de afrontar nuestros demonios y trabajar para sanar nuestras heridas, pensamos: «Cuando conozca a mi pareja perfecta, dejaré de sentir mi dolor».

Si mantenemos una relación, tal vez pensemos que hay alguien mejor «ahí fuera», que hará que nos sintamos felices y completos. Dado que nuestra pareja actual no nos está haciendo sentir completos, debe de ser la pareja equivocada.

Tal como lo veo, toda relación es un espejo. Lo que sea que te moleste de tu pareja es un reflejo de una parte de ti mismo que aún no has aprendido a amar. Así que si dejas a tu cónyuge puede ser que estés huyendo de ti mismo; no es algo que vaya a resolver el problema. Os unisteis por una razón. Si has podido averiguar por qué no está funcionando la relación, puedes seguir adelante; pero si quieres ponerle punto final porque no ves más que problemas, son los problemas que hay *en ti* los que necesitan una solución.

Cuando creemos que alguien que está «ahí fuera» nos completará, pasamos por alto lo que *está aquí*. Echamos en falta el amor auténtico que está presente en cada momento. Al desconocer el amor incondicional que vive dentro de nuestros corazones independientemente de los objetos o las circunstancias, sostenemos la creencia de que necesitamos una pareja perfecta que nos complete. Es la propia búsqueda externa la que nos distrae y nos impide encontrar el auténtico amor que realmente buscamos —el amor que ya está *aquí*.

ROMPE LA NORMA
TÚ Y SOLO TÚ PUEDES COMPLETARTE

El otro día estaba caminando por Hollywood Boulevard. Vivo a pocas manzanas de ahí, y a veces tomo a propósito esa ruta abarrotada para poder ver a los turistas anhelando el glamur hollywoodense —y también a los vendedores que ganan dinero gracias a este anhelo—. Es bastante interesante.

Lo que lo hace aún más interesante, no obstante, es la visión de los sintecho que se instalan en varios rincones.

176

Gritan, sostienen carteles graciosos y hacen todo tipo de cosas para llamar la atención y obtener dinero y comida. En el paseo que di ese día en particular, vi a dos sujetos sin hogar sentados uno al lado del otro mostrando sus imaginativos carteles a los turistas. Cada vez que uno recibía algo, lo ponía inmediatamente en su bolsa personal. Solo podían esperar obtener comida y dinero de la gente que caminaba cerca de ellos, no el uno del otro. ¿Por qué? Porque obviamente estaban desamparados y tenían muy poco, y solo podían darse el uno al otro lo que ya tenían. ¿Cierto?

Si piensas que la respuesta a la pregunta que acabo de hacer es muy evidente, has descubierto la fórmula de las relaciones: *solo puedes darle algo a la persona que te importa si ya lo tienes*.

¿Buscas el amor de tu pareja porque no tienes amor? ¿Y si resulta que tu media naranja también está buscando el mismo amor de ti? Sois como dos personas sin hogar que buscan el *hogar* en el otro. Nunca lo tendréis a menos que uno lo construya y luego ayude al otro a construirlo, también.

No puedes llegar a estar completo por medio de añadir a alguien a tu vida. Nadie puede venir del exterior y hacerte sentir lleno en tu interior. Solo tú puedes completarte. Cuando estamos enteros en nosotros mismos, estamos completos. Esto significa que podemos vivir todo nuestro potencial como seres humanos. En lugar de contenernos, podemos expresar nuestro amor y nuestro dolor plenamente, sin vergüenza. Podemos ser completamente felices y realmente libres.

Vivir estando pleno se relaciona con vivir siendo santo. La santidad consiste en ser el espectro completo de quien eres. Esto significa que te sientes libre de estar enojado o triste, y también lleno de amor y alegría, incluso si tienes miedo. No tiene nada que ver con los templos o las iglesias.

No estás obligado a creerme, pero pregúntate cuántas personas has buscado hasta ahora para sentirte completo. Y déjame preguntarte: ¿cuántas veces has tenido éxito en ello? Te harás un gran favor si trabajas por completarte a ti mismo primero. Solo entonces atraerás a una persona tan completa como tú. Mientras tanto, este ciclo no terminará nunca.

EL DESCUBRIMIENTO DE LA PROPIA COMPLETUD

Vivimos rodeados de personas que no se sienten completas. Muchas de estas personas presentes en nuestras vidas (nuestros profesores, nuestros padres, nuestra comunidad...) nos han transferido lo que saben, de modo que desconocemos lo que es vivir realmente; es, para nosotros, algo oculto y aterrador.

Aquí es donde entra en juego la meditación. La meditación diaria es la manera número uno de realizar la completud en uno mismo. Esto es así porque la práctica de esta completud traspasa nuestros miedos a estar completos y revela la plenitud que mora siempre en nuestros corazones.

La verdad es que nacemos enteros, y nada podría mitigar esta característica de nuestra verdadera naturaleza. Lo que ocurre es esto: nos creemos las mentiras que nos dice nuestro ego, las cuales tapan nuestra totalidad. Nos creemos la vergüenza, el miedo y las historias de carencia. Y esas mentiras se convierten en las lentes a través de las cuales vemos el mundo y nos vemos a nosotros mismos.

Pero cuando meditamos, hacemos limpieza. Todos los temores y falsas historias se mitigan, de modo que el resplandor de nuestra perfección puede brillar a través de ello. En contraste con la búsqueda del amor en el exterior, la meditación nos da la experiencia concreta de que estamos hechos de amor, un amor total, completo y que no tiene fin.

QUERER AMOR NO ES LA CURA. LO ES COMPARTIRLO

Puedes exigirles amor a tu cónyuge, a tu familia y a tus amigos, incluso puedes intentar encontrarlo en Internet, pero este amor de los demás no arreglará nada. He estado trabajando en Hollywood durante un tiempo, y he conocido a muchos buscadores que reciben mucho amor y aplausos del público. Pero no son felices. Tienen una riqueza inmensa, y aun así sienten que les falta algo.

Por otro lado, me encuentro con muchas celebridades que ayudan a la gente a lo grande. Entienden que buscar el amor no es la solución. La solución es compartirlo. Ha habido muchos suicidios en Hollywood a causa de la depresión. ¿Crees que la depresión de esas celebridades se debió a que no tenían suficiente gente gritando sus nombres en voz alta? ¿O a que no disponían de suficiente riqueza? La depresión las invadió porque tardaron demasiado en compartir el amor que tenían dentro de sí.

Todos tenemos ese amor. No has de ser una celebridad para compartir el tuyo. Puedes hacerlo de múltiples maneras, por pequeñas que sean.

Estamos condicionados a creer que el amor consiste en recibir. Pero la esencia del amor es dar. Compartir amor significa respetarse mutuamente y permitir que los demás crezcan a su manera. Significa ayudarnos los unos a los otros a hallar significado en nuestras vidas en lugar de forzar un significado que contenga los motivos ocultos de nuestros egos, programados en nosotros por los medios de comunicación, la sociedad y el entorno.

Dar amor contiene esta paradoja: para dar plenamente desde un lugar de aceptación incondicional, debemos ser un espacio abierto. Esto es así porque el verdadero amor es un campo de felicidad infinita. Compartir amor tiene que ver con ser conscientes de este espacio abierto, el cual vive en cada momento, en cada uno de nosotros. Puedes no hacer más que estar sentado en silencio, y si permaneces abierto, con la atención puesta en esa apertura, estás dando amor. ¿Puedes ver que dar amor de esta manera está libre de segundas intenciones, de cualquier estrategia de control encubierta?

Quiero que sepas que compartir amor nunca presenta un determinado aspecto. Todo lo que surge en el espacio abierto y la verdad es una forma de amor. Esto puede significar decir no. También puede significar soltar a la pareja cuando la relación ha llegado a su final natural. No consiste en tarjetas con forma de corazón ni en perfectos capullos de rosa por San Valentín. Cuando tengas la intención de compartir amor sea cual sea la forma que elija tomar, tus acciones estarán marcadas por la confianza, la espontaneidad y la creatividad. Además, nunca te quedarás sin amor por dar y nunca te sentirás vacío.

EJERCICIO   LIBÉRATE DE LA INSEGURIDAD Y ACÉPTATE

Realizar este ejercicio todos los días durante diez minutos te ayudará a liberarte de la inseguridad y la ansiedad asociadas con tu autoimagen. Como resultado, desarrollarás una relación cómoda con tu existencia y te aceptarás totalmente.

Encuentra un lugar en el que meditar y siéntate cómodamente. Haz algunas respiraciones profundas.

Lleva la atención al ombligo. Tu ombligo es tu centro, tu universo. Sostener la atención en el ombligo te ayuda a recuperar tu poder. Sigue así unos momentos.

Inhala. Aguanta la respiración unos instantes. Exhala lentamente. Sigue así durante diez minutos.

NORMA 14

EL AMOR TIENE QUE VER CON OBTENER LO QUE QUEREMOS

—Te quiero.

—Te necesito.

—Te deseo.

A menudo confundimos el amor con estas afirmaciones. Una esposa a menudo permanece feliz mientras obtiene regalos agradables, citas semanales y todas las otras «ventajas» que presenta una relación estable. En el momento en que esto deja de tener lugar, puede sentirse ignorada o no amada. El marido a menudo permanece feliz mientras la esposa satisface sus necesidades físicas y emocionales sin ninguna interrupción. Este ciclo tiene una tasa de éxito bastante elevada porque los dos miembros de la pareja son felices cuando ven satisfechos sus deseos. El problema tiene lugar cuando una de las partes interrumpe este patrón o se aburre de él. En el momento en que cesa este «intercambio de mercancías», el llamado *amor* también cesa. Con el tiempo, el amor que hay en la pareja se reduce a las exigencias y los deseos que uno le plantea al otro.

Por supuesto, puedes seguir satisfaciendo tus necesidades (sexo, salidas, fiestas, regalos, emociones...), pero tarde o temprano todo esto dejará de tener lugar. ¿Cuánto tiempo puedes seguir alimentándote con estos elementos, que llegan a hacerse monótonos?

Uno de mis amigos es terapeuta de parejas en Los Ángeles, y me dice que en una relación, la mayoría de los hombres buscan sexo y la mayoría de las mujeres apoyo emocional. Mientras ambos sigan recibiendo lo que necesitan, la relación tendrá altas probabilidades de sobrevivir. La pregunta que le hice fue: entre el sexo y las necesidades emocionales, ¿dónde está el amor incondicional?

La creencia de que el amor debe darnos lo que queremos está enraizada en el ego. Como recordarás del capítulo 4, una manera de definir *ego* es *edging God out* ('apartar a Dios').

Cuando entra el ego, la santidad deja de existir. El ego tienta a la mente y prospera con el ansia de poder. Se alimenta de promesas y compromisos que nunca tendrán lugar. Permitimos que nos lleve porque oímos lo que deseamos oír en ese momento. El ego permanece en el poder cuando creemos que necesitamos a nuestras parejas para que nos den lo que queremos.

ROMPE LA NORMA

EN EL AMOR, TODO
CONSISTE EN DAR

Cuando enraízas la conciencia en el amor auténtico que vive en ti, todo cambia. En lugar de buscar a alguien que te dé lo que no tienes, te complete y te haga feliz, te das cuenta de que no necesitas que cambie nada para sentir amor. No estoy diciendo que todo el dolor desaparezca instantáneamente; aún puedes notar la atracción de las ilusiones del ego, pero no te verás atrapado en las mentiras. El impulso de obtener y aferrarte se reduce, y encuentras que el verdadero amor se desborda en cada momento. De hecho, hay más amor disponible del que podrías llegar a necesitar. Sientes tal plenitud que en lugar de intentar obtener más amor lo que haces, de forma natural, es *dar* amor.

No estoy diciendo que el amor signifique tener que sacrificarse. No estoy aquí para hacerte sentir como un mártir del amor; esto no haría más que añadirle otra pluma a la corona egoica que llevas puesta. Lo que quiero decir es que el amor significa deponer el ego y rendirse al amor sin hacer ningún aspaviento por ello.

Dar amor no debe suponer un esfuerzo, sino que debe constituir una forma de vivir. Prueba a darle tu amor a alguien y te sorprenderá ver el poder que tiene esto. Si sientes que dar amor drena tu energía, probablemente no es amor lo que estás dando. Si te observas, verás que tu ego sigue dirigiendo el espectáculo a un nivel sutil. Puede ser que hayas estado dando una imitación del amor, mientras, de forma sutil, hayas seguido intentando obtener algo para ti.

Solo el amor verdadero sabe dar. No sabe cómo tomar. La forma más visible de este tipo de amor se ve entre una madre y su hijo. Por más errores que cometa este, ella siempre lo perdonará; no puede permanecer enojada demasiado tiempo. Si quieres aprender el amor incondicional, apréndelo de una madre y su hijo.

Mi *naani* (abuela) me enseñó la naturaleza desinteresada del amor verdadero. Cuando estaba en la India cursando primero de bachillerato, mi horario de dormir era bastante irregular. Me quedaba despierto toda la noche y me dormía tarde. A veces me quedaba dormido alrededor de las siete de la tarde y me despertaba a las tres de la madrugada para estudiar. Mi *naani* me preguntó qué quería comer cuando tuviese hambre por la noche. Le dije que me calentaría lo que se hubiese preparado para la cena.

—De ninguna manera –replicó dolorosamente–. ¿Por qué ibas a comer algo que no esté recién hecho? ¡Especialmente cuando estás estudiando tanto!

Le dije que la comida aún estaba buena, pero no estuvo de acuerdo. Decidió dormir en la habitación que había frente a la mía. Cuando encendía mi luz alrededor de las dos de la madrugada, se levantaba y me preparaba mi plato favorito. Esto no ocurrió solamente una o dos noches, sino que se prolongó durante *dos años*. Si le preguntases por ello, probablemente ni siquiera lo recordaría. No le supuso ningún esfuerzo, pues lo hizo por amor incondicional. El único deseo de mi *naani* ha sido verme feliz. Mi felicidad la hace feliz. He aprendido el significado del amor de ella.

Incluso mientras escribo este recuerdo sobre ella, me descubro con los ojos llorosos pensando en su gracia. Es el poder de su amor el que hace que aflore una lágrima en mis ojos mientras estoy sentado a siete mares de distancia. Además, mis padres y mi media naranja me han dado el epítome del amor. Realmente, nos recalibra la conciencia el hecho de que la familia y los seres queridos nos ofrezcan amor incondicional. De alguna manera, esto nos da seguridad; nos proporciona la fuerza suficiente para afrontar cualquier desafío.

SÉ EL AMOR

Si sientes que no tienes a nadie en tu vida que te dé amor incondicional, sé tú quien dé amor incondicional a los demás. El amor atrae más amor, y el dar atrae la generosidad. Así que enfócate en cómo puedes dar, compartir y multiplicar el amor que vive en cada momento.

Acuérdate siempre de comprobar que tu dar viene del lugar donde se halla tu apertura interior. Si hay presente alguna culpa, vergüenza, miedo u obligación, es probable que tu acción no proceda realmente del amor. Y estas acciones producirán probablemente sufrimiento por el camino. Pero cuando tus acciones broten de lo profundo del océano de tu corazón, nunca tendrás que arreglar el embrollo que provocaste en tus intentos de ser un mártir. Encontrarás la forma de amor que corresponde dar en cada momento.

Como puedes ver, ser el amor es tan simple como ser uno mismo.

EJERCICIO   DESCUBRE LOS PLANES
OCULTOS DEL EGO EN TU RELACIÓN

Este ejercicio está concebido para que te adentres en los aspectos oscuros de tu vida amorosa. No intentes realizarlo hasta que se sientas cómodo y realmente honesto contigo mismo. Debido a que mantenemos nuestros dolores ocultos, hablar de ellos o incluso escribir sobre ellos revela algunas verdades profundas. Haz este ejercicio cuando tu mente esté fresca. Evita llevarlo a cabo cuando estés experimentando estrés o enfado, o cuando estés emocionado por algo relativo a tus asuntos amorosos. Dedícale toda tu atención.

Escribe una lista de aquello que obtienes de tu cónyuge o pareja que deseas obtener.

Examina la lista cuidadosamente y observa por qué necesitas cada una de las cosas que has mencionado.

En un momento de honestidad contigo mismo, elimina todo lo que hay en la lista.

Ahora, imagínate con tu ser querido sin nada de lo que deseaste obtener de él. ¿Aún sientes el mismo amor por tu cónyuge o pareja? Lo que te revele la respuesta te permitirá entender mejor tu amor.

DEL 'KAMA SUTRA' AL 'CALMA SUTRA' 7

Había una vez un hombre que estaba confundido sobre el sexo. Creció en una pequeña ciudad de la India, y el único colegio que había en ella prohibía las conversaciones entre chicas y chicos, que eran castigadas con una multa de cien rupias. La ciudad también tenía una visión estrecha sobre las citas. Apenas había manifestaciones de afecto en público. No se trataba de una ciudad inculta ni cruel en ningún aspecto; de hecho, era una de las localidades más prósperas de la zona. Sencillamente, se había adoptado este estilo de vida desde una actitud de represión conservadora.

Ese joven podría haberse dejado llevar fácilmente por todo aquello, pero tenía el hábito de leer para familiarizarse con el resto del mundo. También le encantaba cine de su país y el de Hollywood. Los libros y los medios de comunicación de fuera de su ciudad ensalzaban el sexo. Vio imágenes de hombres y mujeres que alcanzaban un éxtasis trascendente y una unión perfecta a través del sexo. El joven estaba cada vez más confundido, hasta que llegó el momento en que se mudó a Nueva York para obtener una educación superior. Una vez allí, se dio cuenta de que así como su pequeña ciudad era demasiado represora, Nueva York era probablemente demasiado permisiva en cuanto al sexo. Así como había visto muchas restricciones en las exhibiciones públicas de afecto o incluso en las citas manifiestas en su pequeña ciudad, Nueva York le mostró lo contrario. Sus habitantes expresaban su afecto con alegría en los lugares públicos y frecuentaban sitios web para conseguir citas. Mientras que su ciudad de la India mostraba el matrimonio como el destino final del romance, Nueva York no parecía muy afín a este planteamiento. Aquí no estaba mal visto no comprometerse e ir cambiando de compañía; el sexo era el principal objetivo. Fue un choque cultural. Atrapado entre dos mundos, halló consuelo en el tantra.

El joven pasó horas, días y meses comprendiendo el tantra y su visión del sexo como algo que es capaz de cambiar la vida de las personas. No tardó en encontrarse en un espacio mucho más cómodo. No solo ayudó a otras personas a entender mejor el sexo, sino que también empezó a comprenderlo como una forma de energía superior.

Ese joven acaba de escribir un capítulo sobre sexo en su libro. Si aún no lo has adivinado, yo soy la persona a la que me he estado refiriendo. Mi proceso de comprensión del sexo no fue una revelación que tuve de un día para otro. Durante la adolescencia tuve una visión del sexo como algo pervertido. Todos mis amigos estaban fascinados con el porno, y yo no es que odiara verlo, pero sabía que no era la manera correcta de satisfacer el impulso sexual.

Las meditaciones prácticas y la evolución conciencial diaria me ayudaron mucho en mi propia vida. Esta comprensión del sexo también me allanó el camino para ayudar a clientes que lidian con profundos problemas relacionales que hunden sus raíces en la forma en que abordan el sexo.

El sexo es una parte esencial de todos nosotros. Nacimos de él. Mantiene a la raza humana en el planeta. Pero nuestra comprensión de la sexualidad está a menudo nublada y aparece distorsionada. No muchos experimentamos la verdadera felicidad que nos puede aportar. Esto es así porque el sexo es un tabú en nuestra cultura. Sencillamente, no se nos enseña cómo atender nuestros impulsos sexuales de una manera consciente. A muchos de nosotros incluso se nos ha educado en la creencia de que el sexo es pecaminoso o vergonzoso. Yo fui educado por monjas católicas, así que créeme cuando te digo que comprendo lo doloroso de esta perspectiva.

Tenemos siete centros de energía en el cuerpo, llamados chakras, que corresponden a distintos aspectos de la vida. Nuestra energía sexual está contenida en el situado más abajo en el cuerpo, el chakra *muladhara*, que se encuentra en la pelvis. Cuando este chakra está abierto y despejado, experimentamos la creatividad, el flujo, la conexión, el placer y la relajación. Sin embargo, cuando esta energía está estancada en la pelvis, puede dar lugar a dificultades.

La energía se queda atascada en el chakra *muladhara* porque nuestra cultura envía mensajes confusos sobre el sexo. Hasta cierto punto, creo que la mayoría de las personas tratan de reprimir su energía sexual o la canalizan mal porque no saben qué más hacer. En ausencia de una orientación de calidad, ignorar la potencia del deseo sexual u ocultarse de ella parece ser la forma más fácil de manejar dicha energía.

Desde el día en que nacemos, no podemos resistir la atracción que sentimos hacia el sexo. Cuanto más tratamos de ignorarlo o reprimirlo, con más fuerza persiste. Nos han educado profusamente para resistirnos a expresar una gran cantidad de emociones; nos han enseñado a no llorar, a no reír e incluso a no expresar amor. Así pues, tendemos a vivir dichas emociones de manera parcial. Nunca nos permitimos experimentarlas totalmente o que nos afecten. Lo mismo es cierto en cuanto a la sexualidad.

La represión nos hace reprimir el deseo. Reprimirse significa no mirar la energía sexual con compasión, sino esconderla bajo la alfombra. Consiste en huir del problema. En el camino espiritual, si mantenemos alguna resistencia frente a la energía sexual, queda atrapada y estancada en la pelvis, lo cual impide que llegue a los chakras superiores y, por lo tanto, obstaculiza la experiencia de sentirse nutrido, poderoso, amoroso y profundamente perceptivo.

Por esta razón, nuestra energía sexual debe expresarse de alguna manera. Pero cuando no se libera intencionalmente, dicha energía se revela de maneras distorsionadas que pueden ser dañinas. Esta energía puede distorsionarse de dos formas opuestas y expresarse de innumerables maneras, en un continuo. Por un lado, tenemos la energía sexual descontrolada, que da lugar a comportamientos como la obsesión y la adicción. Este puede ser el caso del marido que se escapa de la cama para ir a ver porno toda la noche y luego no puede concentrarse en el trabajo al día siguiente. O puede ser el caso de una mujer joven y urbana que se despierta en la cama de un extraño diferente cada fin de semana sintiéndose vacía.

En el otro extremo podemos intentar reprimir la energía sexual, lo cual da lugar a otros comportamientos compulsivos. Uno de estos comportamientos es la anorexia sexual, en que la persona evita todas las relaciones románticas por miedo a perder el control. Otro caso puede ser el de la mujer que se promete permanecer independiente porque, en el fondo, se siente inadecuada por no parecerse a las modelos de aerógrafo que anuncian productos o a las actrices idealizadas de las películas de acción. También puede ser el caso del hombre que, en un esfuerzo por ser «espiritual», toma el voto de celibato. No estoy diciendo que el celibato sea algo negativo, pero muchas veces puede usarse como una excusa moral, elevada, para evitar la culpa, la vergüenza y el miedo en torno a la sexualidad.

Entre estos dos extremos, a menudo veo a parejas que son básicamente felices y tienen relaciones sexuales, pero que sienten que les falta algo. ¿Te identificas con esto?

Con el fin de dominar la energía sexual, esta debe experimentarse, entenderse y canalizarse apropiadamente. Cuando así lo hacemos, podemos encontrar un equilibrio en que no estamos ni reprimidos ni descontrolados. Este equilibrio es la puerta al sexo sagrado.

DE LAS ENFERMEDADES DE TRANSMISIÓN SEXUAL AL EJERCICIO ENERGÉTICO SAGRADO

Necesitamos una nueva comprensión acerca del sexo, que esté más allá de nuestras definiciones del placer físico, la cosificación y la represión. Para sanar verdaderamente nuestra herida sexual colectiva, esta comprensión debe incluir al espíritu. Cuando llevamos la sabiduría sagrada a nuestra concepción de la sexualidad, podemos pasar de las enfermedades de transmisión sexual al ejercicio energético sagrado. Es entonces cuando se hace posible ver el sexo como lo que realmente es: un intercambio de energías.

Yo me refiero al sexo como un intercambio de *prana* (nuestra energía o fuerza vital). Toma muchas formas diferentes, como la inhalación, la exhalación e incluso las palabras que pronunciamos o las imágenes que captamos con los ojos. El *prana* implica todo lo que tomas en tu ser y todo lo que liberas al mundo. Algunas formas de intercambio de *prana* son estas:

- La lluvia sobre los árboles y las flores, que los lleva a crecer.
- Escuchar a alguien y hablar con ese alguien con un amor absoluto.
- Un abrazo profundo y cálido entre dos personas.
- Un beso entre amantes, entre amigos o entre un hijo y sus padres.

En todas las manifestaciones anteriores, hay algún movimiento que interactúa y da a luz una nueva energía. Técnicamente, ahí donde se produce algún intercambio de energías, está teniendo lugar alguna forma de sexo. Con esto no quiero decirte que vayas a una cafetería y le digas al camarero que quieres tener sexo. ¡No le expliques que tener sexo significa intercambiar energía entre la persona que prepara el café y la persona que se lo bebe! Solo quiero que entiendas que estamos recibiendo y dando *prana* en todo momento.

La actividad sexual es uno de los intercambios pránicos más potentes que tienen a su disposición los seres humanos. Tiene el poder de la creación misma. Piensa en ello: el intercambio de material genético puede crear una nueva vida donde antes no había ninguna.

Como todo lo que tomamos o damos, este intercambio puede generar nutrición interna, intimidad, cercanía y despertar espiritual. O puede generar ansiedad, obsesión y vergüenza. Mi propuesta es que tenemos que elegir cómo acercarnos a nuestra sexualidad. Si deseamos crear algo hermoso, significativo y muy satisfactorio, podemos hacerlo.

Con el fin de pasar de la distorsión a la claridad, es importante que cuestionemos todo lo que pensamos que sabemos sobre el sexo. Necesitamos romper las normas sobre la sexualidad que prevalecen en nuestra cultura. Cuando saquemos a la luz cualquier creencia falsa o limitante, nuestra conciencia tendrá el espacio que necesita para acoger una sabiduría más evolucionada.

Podemos cultivar nuestras habilidades relativas al manejo de la energía sexual. Cuando sabemos usar una máquina, podemos utilizarla con fines productivos; cuando no sabemos usarla, puede producirse una catástrofe. Pon a un niño al volante de un automóvil y prepárate para ver un desastre. Dale un revólver a un criminal y observa lo que hace con él. En cambio, un conductor experimentado sabe cómo manejar un coche correctamente, y un policía o un soldado cómo manejar la fuerza increíble que otorga una pistola y gestionar la responsabilidad que ello conlleva. Si sabes usar algo de la manera correcta, le sacarás todo el partido y crearás algo beneficioso con ello.

Podemos ejercer nuestra curiosidad. Podemos trabajar hacia una aceptación más abierta de nuestros deseos sexuales. Esto significa reconocer su presencia pero no reaccionar ante ellos como animales salvajes. Solo entonces podremos aprender a responder con plena conciencia ante nuestra energía sexual.

Si abordamos el sexo como un ejercicio de energía sagrada, podemos generar muchos cambios revolucionarios a escala social. Algunos de ellos pueden ser:

- Reducción o fin de la cantidad de violaciones.
- Disminución de los desórdenes sexuales.
- Descenso de la cantidad de abusos sexuales.
- Fin de la adicción a la pornografía.
- Fin de la cosificación de la mujer.
- Extensión de las relaciones íntimas saludables.

Podemos aprender a recibir la energía del chakra *muladhara* con amor y canalizarla de una manera exaltada. Podemos meditar sobre nuestros deseos y afrontarlos audazmente. Podemos encontrar un equilibrio en el que no estemos ni reprimidos ni descontrolados. Este equilibrio es la puerta al sexo sagrado.

Bienvenido al rapto y el éxtasis del amor divino.

NORMA 15

LA ÚNICA FINALIDAD DEL SEXO ES EL PLACER FÍSICO

Dondequiera que miremos en el paisaje saturado de los medios de hoy, recibimos el mensaje de que la razón por la que tener sexo es sentir placer físico. El sexo es visto a menudo como una mera fricción para rascar una picazón. Todo el mundo está obsesionado con el orgasmo perfecto: cómo tener uno, dar uno, tener múltiples, encontrar la mejor posición, etc. Me parece interesante el hecho de que la industria de los juguetes sexuales haya demostrado no verse afectada por las recesiones económicas. Y un amigo me envió un mensaje de texto que decía que la primera persona que descubrió el sexo probablemente trató de hacer fuego por medio de frotar entre sí elementos al azar y luego descubrió que podía hacerse lo mismo con los cuerpos. ¡Me parece un comentario humorísticamente sabio!

El problema que presenta esta fijación colectiva en la gratificación física es que no vemos el resto del cuadro. Cuando nos concentramos en este pequeño aspecto de la sexualidad, nos perdemos la totalidad de lo que el sexo puede aportarnos. La mente secuestra la energía creativa, amorosa, apasionada y curativa del sexo y la reduce a un solo objetivo. El resultado de este comportamiento no puede ser otro que la frustración, la sensación de no estar nunca plenamente satisfechos. Esto se debe a que nuestros cuerpos y espíritus anhelan conectarse íntimamente con nuestros amantes y con lo divino. Esto solo es posible a través de una sexualidad despierta.

ROMPE LA NORMA

DEL 'KAMA SUTRA' AL 'CALMA SUTRA'

Tómate un momento. Respira profundamente. Ahora, dite a ti mismo que estás listo para ver el sexo más allá del coito o la fricción. Proponte realmente traspasar la dimensión física del sexo. A menos que estés dispuesto a entender el sexo más allá de sus parámetros habituales, esta poderosa transformación te eludirá.

No niego que la gratificación sexual es un aspecto agradable de la experiencia humana, pero no todo acaba ahí. Cuando practicamos el sexo con la intención de experimentar la verdad y hacer más profundas nuestras relaciones, tocamos lo divino.

Hay una hermosa tradición hindú que proporciona una forma inspiradora de pensar sobre el sexo. *Shaktipaat* se traduce como 'la transferencia de energías del maestro al estudiante'. El grado de *shaktipaat* varía de una escuela a otra. Puede significar una iniciación espiritual ejecutada por un gurú. Esto implica a menudo que el gurú le proporciona al buscador un mantra con el que trabajar en meditación, lo cual da lugar a unos resultados específicos. También puede significar la transferencia de poderes espirituales especiales de un maestro iluminado a la persona que continuará con el linaje. *Shaktipaat* describe cualquier experiencia de aceleración o despertar espiritual que tiene lugar cuando uno se encuentra con un gran ser.

Este intercambio produce milagros. Después de recibir el *shaktipaat*, hay estudiantes que se han curado de sus enfermedades, que han visto por primera vez a través de sus creencias limitantes y que han pasado de no creer en Dios a la fe completa. Esto se debe a que el *shaktipaat* canaliza la energía espiritual desde la fuente de toda vida hasta el individuo. Esta energía es la fuerza que nos cura. Bendice nuestras vidas de una forma milagrosa pero totalmente natural. Es el poder que nos sostiene en un amor completo y nunca nos abandona.

Es una gran bendición recibir el *shaktipaat* de un maestro iluminado. Esta es a menudo la manera más fácil de conseguir bendiciones en la práctica espiritual. Pero *shaktipaat* hace asimismo referencia a cualquier transferencia o intercambio de energías. Por ejemplo, el *shaktipaat* también tiene lugar cuando una madre alimenta a su bebé. Del mismo modo, este concepto puede ayudarnos a cultivar una comprensión del sexo más evolucionada. Podemos pensar en este como en una forma de *shaktipaat* entre los amantes. El sexo puede ser una práctica en la que invocamos, recibimos y compartimos los movimientos de la energía espiritual.

No estoy diciendo que este proceso sea etéreo y esté más allá del cuerpo. Lo que lo hace tan satisfactorio es que el *shaktipaat* tiene lugar *en el cuerpo*. Es la transmisión de la energía espiritual desde lo invisible hasta el mundo físico. Puede ser un regalo sagrado que canalizamos para nuestro ser amado, y que nuestro ser amado canaliza para nosotros. Déjame decirte que el placer corporal de esta forma de intercambio de amor no pertenece a este mundo.

Por estas razones, tenemos que ser extremadamente cuidadosos en cuanto a la persona con la que estamos durmiendo. En el momento en que tiene lugar un beso, un abrazo o incluso un apretón de manos, se produce un intercambio de energías. Cuando dormimos con varias personas al azar o incluso con una sola persona, permitimos que tenga lugar un intercambio energético significativo entre ambas partes. Amar a alguien que tenga una energía más refinada te ayudará a sentirte pleno; en cambio, estar con una persona que tiene ira dentro y una mente pervertida no hará más que reducir tu nivel de energía.

Así pues, dominar el sexo no tiene nada que ver con aprender posturas gimnásticas o técnicas complicadas. Pero si esto te trae alegría, ¡más poder tendrás! Hacer evolucionar nuestra práctica sexual tiene que ver totalmente con el significado que elegimos otorgarle. Nos invita a practicar la atención plena en todos los niveles. Con un enfoque intencional, el sexo puede sanarnos, ayudarnos a crecer y acercarnos más a la totalidad de la vida. Cuando pasamos del *kama sutra* al *calma sutra*, podemos sentirnos satisfechos, gozosos, relajados y rebosantes de amor.

EJERCICIO   ENTENDER EL SHAKTIPAAT

Podrás entender mejor el intercambio energético que tiene lugar en el *shaktipaat* si realizas esta práctica con un árbol. Con el tiempo, prueba a llevar a cabo la misma práctica con tu amante, primero sin tocaros y después durante vuestra unión física, emocional y espiritual.

Elige un árbol frondoso y saludable. Dedica unos días a establecer una conexión con este árbol. Riégalo, háblale y haceos amigos.

Después de un tiempo, siéntate bajo tu árbol. Haz algunas respiraciones profundas. Visualiza un círculo de luz alrededor de ti. Dedica unos momentos a esta visualización, hasta que puedas sentir el cálido resplandor de tu propia luz.

Luego visualiza la misma luz alrededor del árbol. Dedica unos momentos a respirar con él. En cada inhalación, incorpora la luz del árbol; en cada exhalación, dale tu luz al árbol. Si te gusta trabajar con mantras para que te ayude a calmar la mente, puedes recitar en silencio *Namaha* durante la inhalación y *Shivaya* durante la exhalación.

NORMA 16

LAS MUJERES SON OBJETOS SEXUALES

Hemos desconectado el sexo de la divinidad pero lo hemos conectado a todo lo demás. El sexo se ha tergiversado y se utiliza como una herramienta para vender todo tipo de productos. Al ver el anuncio de un refresco, reparé en que la chica que lo anunciaba estaba solo medio vestida y que se «encendía» bastante por obra del mágico refresco. Este es un mensaje subliminal que conecta esa bebida en particular con un elemento sexualmente atractivo. Y el mismo mensaje se ofrece asociado con muchos otros productos, como perfumes, ropa, artículos para el hogar, automóviles e incluso alimentos. Todo lo que tiene que hacer el anunciante es mostrar la imagen de un hombre o una mujer semidesnudos en la pantalla para convencer a los espectadores de que compren su producto; así es como logra captar su atención. Es triste decirlo, pero muchas publicaciones de yoga y revistas espirituales han recurrido a la misma estrategia para captar la atención de sus lectores por medio de ofrecer fotos de yoguinis con poca ropa y miradas atractivas.

Por más que hayamos progresado, seguimos sin dar la talla a la hora de considerar con el mismo respeto a las mujeres que a los hombres. La cosificación de las mujeres en el arte y las películas es un ejemplo de ello, y podría dar muchos más. Paso la mayor parte del tiempo en Los Ángeles. Los grandes carteles que hay por todo Sunset Boulevard anunciando «chicas 100% desnudas» no son más que un exponente de la ardiente necesidad que tenemos de ver cuerpos de mujeres. Cuanto más viajo, más veo cómo estos se venden por apenas unos dólares, pero también por una cantidad elevada. Sin embargo, no se puede poner precio a la divinidad de las mujeres.

ROMPE LA NORMA
LAS MUJERES SON LO DIVINO FEMENINO

La adoración de las diosas es una práctica extendida en la India. Si viajas allí, verás imágenes femeninas que representan diversos aspectos de lo divino. Algunas de estas imágenes muestran a hermosas mujeres vestidas con seda y joyas que sostienen en ambos brazos objetos que representan la generosidad y la plenitud espiritual. Otras diosas son más feroces; se las puede mostrar pisoteando cadáveres o llevando guirnaldas de calaveras alrededor del cuello. Estas imágenes representan la muerte de las creencias limitantes y de los obstáculos egoicos que nos impiden conocer la verdad de nuestra divinidad.

Devotos religiosos de ambos sexos ofrecen regalos y flores a las diosas como forma de oración. Tienen fotos y estatuas de ellas en sus hogares, y les piden diariamente bendiciones en relación con sus actividades espirituales y mundanas. Hay templos enteros dedicados a las abundantes iteraciones de lo divino femenino. Yo crecí aprendiendo que las mujeres son la divinidad personificada. Me enseñaron que si rompes el corazón de una mujer, también rompes parte del universo.

Como puedes ver, en la India se practica una forma de cosificación que es beneficiosa para el equilibrio entre el poder masculino y el femenino. La herencia occidental judeocristiana no contiene nada de este aspecto de la práctica espiritual. Pero los seres humanos tienen la necesidad de ambas caras de la representación de la divinidad para tener una comprensión completa de la verdadera naturaleza de lo divino. Por desgracia, esta necesidad de ver el cuerpo femenino con asombro a menudo se deforma como los carteles que vemos en todas las ciudades que anuncian «chicas desnudas en vivo». No afirmo que la India o el hinduismo hayan dominado el arte de respetar a las mujeres. La violación, el abuso doméstico y la cosificación existen en la India, pero una gran parte de la población está abierta a mirar a las mujeres de otra manera. El primer paso consiste en extender la comprensión acerca de la belleza de las mujeres. Podemos tomar las pistas que nos dan las tradiciones de la diosa antes de que se viesen corrompidas por la influencia masculina.

Si recuperamos las aportaciones de las tradiciones de la diosa, podemos ir más allá de ver a las mujeres como objetos sexuales. Podemos honrarlas y amarlas como las encarnaciones gloriosas del espíritu que son. Al hacer esto, abrimos las puertas a una sexualidad nueva y más satisfactoria.

KAMAKHYA: ADORAR EL YONI

En una ocasión leí una cita de Swami Ramakrishna Paramhansa, el mayor adorador de la diosa Kali. La cita decía: «Dios está en la vagina».

Esta afirmación me impactó inicialmente, porque uno tiende a asociar la espiritualidad con todo *menos* con la palabra *vagina*. Pero si estudias con mayor profundidad a este hombre místico, verás que su obra expresa una profunda reverencia por el principio de lo divino femenino como la fuente del amor, la vida y la espiritualidad. A través de él, podemos aprender a reverenciar los cuerpos de las mujeres como la expresión propia de la divinidad.

El templo de Kamakhya, que se encuentra en el estado indio de Assam, se conoce como la morada de la diosa Kamakhya. También se conoce como Yoni-Peeth. *Yoni* significa literalmente 'vagina' y *peeth*, 'hogar', de modo que su traducción sería 'hogar de la vagina'.

La leyenda dice que este templo se construyó en el lugar donde la vagina de la diosa cayó del cielo después de un incidente en el que tuvo que ver su marido, Shiva. Parvati (también conocida como Kamakhya), esposa de Shiva, había acudido a una ceremonia organizada por su padre. Shiva no fue invitado al evento familiar, lo que enfureció a Parvati.

Incapaz de asumir esta falta de respeto hacia su marido divino, Parvati se suicidó volando sobre las nubes y disolviendo su cuerpo en cincuenta y un pedazos. Las partes de su cuerpo fueron a parar a cincuenta y una ubicaciones diferentes, por toda la India. Cada uno de estos lugares se convirtió, más tarde, en un santuario energético en el que adorar a la diosa y buscar su energía. Kamakhya es conocido como el lugar donde cayó su *yoni*.

La ciencia espiritual afirma que el *yoni* es la fuente de creación más importante. No solo porque es el chakra primero y primario del cuerpo, sino también porque a través de él la mujer da a luz una nueva vida. El templo de Kamakhya no es un centro energético sin sentido para los buscadores avanzados. He acudido a él desde que iba a la escuela y he visto a sabios cuya mera presencia impone respeto. No hablan mucho, pero sus ojos sí lo hacen. Me dijeron que acompañara a un maestro espiritual veterano durante mi primera visita al templo, por lo que mi padre me llevó allí y me explicó toda la mística del templo.

El santuario está oscuro —no tiene luz en su interior— como una forma de mostrar respeto a la diosa que mora dentro. Sin embargo, el ritual más fascinante es el que hace referencia a la menstruación por la que se supone que pasa la diosa una vez al año. Durante este lapso de tiempo —unos días— el templo permanece cerrado. Una sábana blanca cubre todo su interior. Considera que es una especie de «compresa higiénica» para la diosa. Esta no es la parte mística del asunto, por cierto. La parte mística tiene lugar cuando las puertas del templo se abren después de esos pocos días: la totalidad de la sábana blanca ha adquirido un color rojizo.

Mientras que algunas personas afirman que se trata del flujo de la sangre menstrual de la diosa, otras aseguran que la coloración se debe al polvo bermellón que hay en el agua que fluye a través del templo. No existe una respuesta consensuada.

Esa tela se considera una fuente de milagros. Obtener una sola pulgada de ese paño requiere tener un buen contacto influyente con el sumo sacerdote del templo. Tendría unos catorce años cuando conseguí mi pedazo. Mis padres lo hicieron meter en un colgante de oro, asegurándose así de que permanecía en un lugar seguro y recibía el respeto que merecía. Incluso hoy, lo guardo conmigo como una muestra de mi respeto por la inmensa energía de la diosa.

¿Te imaginas vivir en una cultura en que la vagina se honra como fuente de bendiciones y otorgadora de discernimiento espiritual? ¿En que se usan imágenes de mujeres para explicar los misterios del universo? ¿En que tanto hombres como mujeres rezan a la forma femenina cada día como una manera de conectarse con lo divino? Cuando aprendemos las formas en que la imaginación india ha dado sentido a los cuerpos de las mujeres, parece triste que otras culturas las vean como objetos cuyo fin es vender cerveza y automóviles.

Si puedes viajar a la India para ver los templos y las imágenes de los que hablo aquí, te recomiendo encarecidamente que lo hagas. Pero si te resulta imposible hacer esta peregrinación, puedes romper igualmente la norma de la cosificación sexual. La siguiente práctica te ayudará a cultivar una experiencia diaria de lo divino femenino. No tienes por qué preocuparte sobre cómo afectará a tu vida sexual esta práctica. Siento fuertemente que su energía amorosa entrará en tu ser y te sanará de maneras de las que tú mismo no podrías disponer.

| EJERCICIO | CONSTRUYE TU RELACIÓN CON LO DIVINO FEMENINO |

Elige a una diosa que te atraiga. Puede ser Kali o Kamakhya. También puedes elegir cualquier otra imagen femenina que represente lo divino para ti. Por ejemplo, un río que fluye, un tigre, una flor que se abre, una diosa de otra tradición o una parte del cuerpo femenino.

Construye un altar en tu casa que transmita la energía de lo divino femenino tal como lo ve tu imaginación. Puedes incluir en él imágenes, objetos que encuentres en la naturaleza o cualquier otro elemento que te haga pensar en la diosa cuando lo mires.

Enciende una vela para ella cada día. El hecho de reservarte un tiempo diario para honrarla provocará un cambio positivo en tu conciencia.

Siéntate delante de tu altar y medita sobre ella cada día. Realiza cualquier práctica que te guste. He aquí una sugerencia que incluye el concepto de *shaktipaat* del que te hablaba antes en este capítulo: visualiza que tomas la energía de la diosa en tu cuerpo con cada inhalación. Con cada exhalación, imagina que eres tú quien la bendice. Haz esto durante veinte minutos.

NORMA 17

EL SEXO NO TIENE NADA QUE VER CON DIOS

Estudié en una escuela católica. Escuché muchas veces lo pecaminoso que era el sexo, así que casi lo veía como una especie de crimen. Incluso sentí que había nacido de un acto criminal. Éramos niños y no entendíamos muy bien lo que significaba que nuestras maestras fuesen monjas. Todo lo que sabíamos era que no estaban casadas.

Más adelante, cuando supe lo sagrado que es el oficio de monja, me pregunté por qué los recuerdos que tenía de ellas eran de mujeres que parecían secas y carentes de vida. Se enojaban con facilidad y parecían desprovistas de alegría. Puedo decir más o menos lo mismo de algunos monjes orientales que han tomado el voto de celibato; los he visto frustrarse por nimiedades en un abrir y cerrar de ojos.

Por supuesto, no todos quienes toman el voto de celibato están enojados o frustrados. Ahora bien, tomar este voto supone un gran desafío, y hay que estar extremadamente conectado con lo divino para llevarlo bien. Lamentablemente, esto no ocurre siempre.

En la clase de oratoria de la universidad, elegí como tema de exposición «Los sacerdotes católicos deberían estar casados». Expuse el argumento de que si los sacerdotes católicos estuviesen casados, habría menos abusos sexuales de niños. Durante mi investigación sobre el tema, me encontré con muchas historias de niños que sufrieron este doloroso trauma en la iglesia. La religión establece fórmulas tan rígidas para hallar a Dios que acaba sumiendo en el caos a la mente humana, ya de por sí perturbada. La persona que toma el voto se compromete tanto a mantener la promesa del celibato que su compasión, inconscientemente, se convierte en ego. Es por eso por lo que los escándalos sexuales tienen lugar a menudo en la vida de sujetos que una vez tomaron un voto y luego renunciaron a él. Con el voto, probablemente pusieron su desviación en modo pausa; pero cuando se reprime la acción, la actividad mental acontece al doble de velocidad.

El sexo es algo natural. Expresarlo también lo es. El problema es que muchas tradiciones enseñan que hay una separación fundamental entre lo físico y lo sagrado. Esto significa que el cuerpo, con todos sus procesos, pertenece al reino de la tierra, mientras que Dios está solamente en los cielos. Cuando Eva toma un bocado de la deliciosa manzana, que simboliza el deseo y la satisfacción físicos, pierde la Gracia. En esta línea de pensamiento, es necesario trascender el cuerpo con el fin de alcanzar las comprensiones espirituales. El cuerpo es un problema que debe conquistarse. Los deseos físicos como el hambre y la atracción sexual deben domarse y el movimiento de la mente detenerse. Solo en este paradigma puede tener lugar la iluminación.

El sexo es visto como una barrera que no permite acceder a lo divino. Relegado a las sombras, es un secreto vergonzoso y sucio que lleva a la vergüenza y la culpa. Esto conduce, con toda seguridad, al sufrimiento. La energía sexual no desaparece, sino que se acumula e implosiona en otras áreas de la vida; surge como estallidos de ira, o como enfermedad física, o como abuso que ocasiona daño a unas víctimas y perpetúa la vergüenza colectiva en torno a la sexualidad como una fuerza destructiva.

La creencia de que el sexo está separado de Dios no es exclusiva de las tradiciones occidentales. Muchas tradiciones contemplativas orientales predican también el celibato. Lo mismo hacen muchas subculturas metafísicas. Por ejemplo, están los yoguis que toman los votos del *brahmacharya*, con lo cual llevan un estilo de vida afín a lo divino. Si interpretan sus votos en un sentido clásico, los *brahmacharyas* se abstienen del sexo. Creen que, con ello, podrán concentrar toda su energía en las prácticas espirituales. Para ellos, alcanzar el «éxito» en la meditación significa detener los pensamientos relacionados con el sexo y volverse tan fuertes como para poder apagar sus impulsos sexuales.

DEL MONJE CÉLIBE AL AMANTE CÉLIBE

El celibato es una práctica importante que hay que entender bien en lo que atañe al sexo y la espiritualidad. Esta comprensión es muy importante para que podamos manejar nuestra energía de la mejor y más elevada manera. La mayoría de las personas asocian el celibato con la abstención sexual completa. Siempre que hablo con mis clientes acerca del sexo y la espiritualidad, piensan que les voy a pedir que se vuelvan célibes y dejen de tener relaciones sexuales. Pero no puedo decirle a un pez que deje de estar en el agua. Algunas cosas sencillamente no son posibles, y ciertamente no quiero este karma en mi conciencia.

En el camino espiritual, puede ser útil convertirse en lo que yo llamo un *amante célibe*. Creemos que el celibato significa renunciar al sexo, pero puede significar la práctica consciente de la sexualidad.

Celibato es el equivalente a *brahmacharya*. *Brahmacharya* es una combinación de dos palabras: *brahma*, que significa 'conciencia divina suprema' y 'conciencia superior', y *charya*, que hace referencia al estilo de vida o la rutina diaria. Así que apunta a llevar un estilo de vida acorde con la conciencia divina o superior. Ser un amante célibe, por lo tanto, significa estar comprometido con llevar la conciencia divina a la sexualidad.

La sexualidad es creación. Y la creación es una parte importante de lo divino. Ningún estilo de vida divino te dirá que dejes de crear, pero sin duda esperará que evoluciones en cuanto a tus métodos creativos a medida que te vayas haciendo mayor. El amante célibe vive el momento tan plenamente que ya no se ve controlado por sus impulsos sexuales. El impulso creativo se transmuta en una experiencia de amor y éxtasis espiritual.

Este capítulo está dirigido a enseñarte a ser un amante célibe.

La represión del sexo no es celibato. La expansión del sexo hacia una conciencia superior sí lo es. Si sientes que no estás listo para ello, no lo conviertas en un espectáculo. El celibato tal y como normalmente se entiende tampoco se practica por entero si uno se aleja físicamente del sexo opuesto pero, en su mente, va desnudando todo lo que se le pone ante sus ojos. Este tipo de comportamientos no sirven para otra cosa que para desalinear aún más los chakras.

Como amante célibe, vive tus deseos tan completamente que puedas familiarizarte con todas tus emociones. Te recomiendo que entiendas bien tu interior. Ponte en contacto con tus deseos sexuales y tus necesidades emocionales. Deja que tu piel respire cuando quieras, sé juguetón con la naturaleza y no reprimas nunca tus emociones. Hacer una meditación antes o después del acto sexual puede ayudarte a experimentar estados de conciencia más elevados. Antes del sexo, la meditación relaja. Durante el sexo, una mente meditativa ayuda a experimentar cómo la dicha se mueve e intercambia entre los compañeros. Y recomiendo meditar después del sexo. No tienes que sentarte derecho y cantar mantras; permanece tumbado en la cama y observa cómo tu respiración y tu conciencia se mueven por tu cuerpo. En este estado de vulnerabilidad, la meditación adquiere un bello movimiento. Te lleva a un estado de seguridad y amor. Por supuesto, la norma popular es ponerse a dormir, darse una ducha o, en ciertos casos, irse a casa. Pero si hemos decidido ir más allá de las normas, la meditación después del sexo es una forma potente de recalibrar las energías.

Muchos maestros sugieren incluso tener una práctica sexual consciente con el compañero o la compañera. Esto puede considerarse parte del celibato siempre y cuando se practique como un sagrado intercambio energético en una pareja claramente definida. Estas parejas tienden a tener una inclinación espiritual, a estar unidas por una gran amistad y a ser guiadas por lo divino a cada momento.

ROMPE LA NORMA

EL SEXO ES UNA EXPRESIÓN DE DIOS

Te invito a vivir una vida en que la sexualidad no constituya una barrera para ir hacia lo divino. ¿Qué te parecería si tu experiencia de la sexualidad ampliase la conciencia que tienes de Dios? ¿Y si te abriese una puerta a conocer a Dios de manera inmanente, como tu propio cuerpo y, al mismo tiempo, como mucho más? ¿Y si abriese tu alma a un mayor amor y una mayor conexión con todo lo que es?

Si aplicamos un cambio de perspectiva, nuestra energía sexual se convierte en una herramienta para un mayor despertar en nuestras vidas. Cuando empecemos a ver la energía sexual como divina, el sexo se convertirá en un acto divino. La noción popular que afirma que si cambias la forma de mirar las cosas, las cosas que miras van a cambiar, es válida en este caso.

Consideremos esto: la mera presencia de la energía sexual en nosotros nos hace divinos. Sin esta potente energía creadora, nada existiría. De esta manera, el creador y la creación no están separados. Dios no está en los cielos, mirándonos y creando nuestras vidas. Dios vive en nosotros como nuestra vitalidad y creatividad. Es nuestro deseo de ser y de crear lo que se manifiesta como el mundo. Y son esos deseos los que nos conducen a lo divino. Cuando gestionamos nuestra sexualidad con la intención de acercarnos a lo divino, cualquier uso que hagamos de esa energía se convierte en una práctica espiritual. En la India, esta noción está más extendida que en el mundo occidental.

TEMPLOS ERÓTICOS EN LA INDIA

El templo de Khajuraho, en Madhya Pradesh, retrata la totalidad de la vida humana, incluido lo erótico. Dentro de las paredes del templo pueden encontrarse imágenes de la deidad, o de Dios, mientras que el exterior muestra esculturas de personas que hacen el amor o llevan a cabo otras actividades cotidianas (laborales, familiares, etc.).

El simbolismo aquí presente indica la enseñanza de que hay que cruzar lo sexual para alcanzar lo divino. Muestra que hay que moverse hábilmente a través del *kama* (sexo) para alcanzar el *rama* (lo divino). Lo sexual y lo divino no son concebidos como dos fenómenos separados; están interconectados.

Estos templos no fomentan el sexo, pero nos estimulan a entenderlo profundamente, porque el camino hacia lo divino pasa por él. De esta manera, los aspectos de nuestra condición física son puntos esenciales en el camino espiritual. Debemos trabajar con estas realidades tan humanas en nuestro viaje hacia el conocimiento del espíritu. Solo tenemos un problema si nos quedamos atascados en el exterior del templo.

En mi primer aniversario de bodas, llevé a mi esposa al templo de Khajuraho para meditar sobre esta mística. Pasamos dos días enteros mirando el arte que representa la totalidad de la vida matrimonial. Las rocas están tan vivas que no puedes evitar entablar una conversación con cada una de ellas. Encontramos que contemplar el arte del templo clarificaba nuestra relación mutua, así como nuestra relación con lo divino.

Si pudiésemos construir el templo de Khajuraho en todas las ciudades, tendríamos un mundo saludable donde vivir. No habría más pervertidos sexuales ni más violaciones. Acostumbraba a ser un ritual obligatorio para los estudiantes espirituales acudir a estos templos y meditar en ellos. Se les pedía que meditaran sobre el arte erótico con el fin de fundirse profundamente con él. La idea era que los buscadores se enfrentaran al impulso sexual y lo transmutaran en algo más elevado.

Para algunos estudiantes, esto implicaba apaciguar el deseo sexual, y para otros implicaba canalizarlo para explorar el significado de la existencia y del alma, así como todas las preguntas de la mente. A personas que ya habían cumplido los veinte se las enviaba a este tipo de templos con el fin de que comprendiesen el océano de energía sexual que tenían dentro. ¿Puedes imaginar lo diferente que sería nuestra cultura si nuestros jóvenes participaran en un rito de pasaje como este?

Resulta que Khajuraho es un templo tántrico. Como puedes ver, el tantra incluye la sexualidad, pero tal vez no de la manera que pensabas. A continuación, vamos a tratar de deshacer varios malentendidos relativos a la tradición tántrica presentes en Occidente.

EL TANTRA HACE DE TI UN REY EN LA DIVINIDAD, NO UN REY EN LA CAMA

Le debemos una disculpa enorme al tantra por usarlo como una etiqueta para designar unas habilidades prácticas en materia sexual. La primera vez que tecleé *tantra* en Google, aparecieron un sinfín de imágenes de parejas haciendo el amor en variadas posiciones, humanas y no humanas. Al haber crecido entre maestros tántricos desde el primer día, me resultaba casi imposible creer lo que estaba viendo. Navegando un poco más, vi que la palabra *tantra* se utilizaba incesantemente para promocionar varias escuelas sexuales. Era el equivalente a anunciar ordenadores portátiles como si no fuesen más que máquinas de escribir. Por supuesto, esta es una de las características de un portátil, pero tiene también innumerables funciones más.

Recuerdo que le pregunté a mi gurú espiritual, mi padre:

—Papá, ¿me formaste para ser terapeuta sexual?

Respondió cortésmente, algo desconcertado:

—No, en absoluto, hijo. ¿Por qué lo preguntas?

Tuve que compartir con él toda la basura que se divulgaba en el nombre del tantra. Su respuesta acalló mis preguntas:

—Probablemente, los expertos en *marketing* necesitaban lograr que sus clientes ganasen dinero. Tomaron el elemento más explotado del mundo, el sexo, y lo promocionaron con fuerza usando la etiqueta del tantra. La gente anhela amor y un sexo mejor y más placentero, y compra lo que se le vende.

Si el tantra no es una técnica para tener mejor sexo, ¿qué es? Se trata de una cosmovisión completa, con mitos, tradiciones, enseñanzas y prácticas destinados a empoderar a sus seguidores. Veo el tantra como una técnica de autorrealización, como un camino hacia la conciencia superior, como un método para experimentar la iluminación, como una ciencia para comprender los asuntos del alma y como una herramienta para experimentar la abundancia mundana y espiritual. ¿Te das cuenta de por qué los expertos en *marketing* occidentales venden el tantra como mucho menos de lo que es?

El tantra añade la meditación a todo lo que hacemos. En este sentido, una experiencia de atracción sexual no es una barrera para nuestra realización, sino una invitación a practicar la conciencia, la intención y la acción oportuna. Nuestra sexualidad no es un problema que debe resolverse, sino un regalo que debe apreciarse y comprenderse. No tenemos por qué llevar a cabo renuncias. Podemos estar en el mundo, pero no vernos aprisionados por sus dificultades. El «secreto» no es otro que estar presentes en cada momento. Cuando experimentamos plenamente nuestra humanidad, sin tratar de detenerla, vemos nuestra divinidad.

Estudiar con un maestro tántrico cualificado es una gran oportunidad en la vida de modificar la propia conciencia. Un maestro cualificado puede proporcionarte mantras y técnicas de meditación que te revelarán la libertad dentro de los límites de tu cuerpo humano. Te recomiendo encarecidamente que estudies con un maestro tántrico si se cruza alguno en tu camino.

Si no puedes estudiar con un maestro en persona, la siguiente práctica te ofrecerá una introducción a la práctica de la sexualidad tántrica.

EJERCICIO   LA MEDITACIÓN KAMA
                               DE BREAK THE NORMS

He aquí una breve introducción a la meditación *kama* de *Break the Norms*. El objetivo de esta meditación es ayudarte a desbloquear la energía sexual y canalizarla para servir a tu yo superior. Esta meditación se enseña bajo una supervisión atenta en el centro *Break the Norms*. En este libro, presento las instrucciones que damos a los principiantes en sus inicios. Ten en cuenta que todas las meditaciones se realizan mejor si se cuenta con un guía cualificado.

En esta práctica hacemos un *mudra* (adoptamos una postura sagrada) para invocar una energía específica. A continuación se ofrecen las instrucciones para el *mudra*, a lo cual siguen las instrucciones del ejercicio.

Yoni mudra

Como se ha visto en este mismo capítulo, *yoni* hace referencia a la vagina como fuente de una energía espiritual creativa. *Mudra* significa 'postura'. En este ejercicio, usaremos una postura hecha con las manos para canalizar el flujo del *prana*. Este *mudra* en particular se considera el estado de *mudra* más elevado y se recomienda a los buscadores avanzados. A menudo recomiendo que se haga este *mudra* después de meditar; he visto resultados espectaculares como fruto de ello. Su significado simbólico es el nacimiento de un nuevo yo desde dentro hacia fuera, la creación de una nueva conciencia que surge del *yoni*. De ahí que se le pusiese el nombre de *yoni mudra* a este método sagrado.

Las puntas de los dedos son potentes transmisores y receptores de energía. En el *yoni mudra*, te trasladas a un espacio vacío y rediriges la energía de nuevo hacia ti mismo a través de las manos. Este *mudra* te desconecta de los sentidos de la vista, el oído, el olfato y el tacto, para que tu atención pueda enfocarse en aspectos de lo divino a los que no se puede acceder a través de ellos. Para hacer el *yoni mudra*:

Tápate los ojos con los dedos medio e índice.

Tápate los oídos con los pulgares.

Tápate las ventanas de la nariz con los dedos anulares. Retíralos cuando inhales, por la nariz. Exhala también por la nariz.

Los meñiques se apoyan suavemente en la barbilla.

Meditación kama

Lleva ropa limpia. Enciende una vela, incienso o *diya* (hilo de algodón sumergido en mantequilla clarificada) para crear buenas vibraciones a tu alrededor. Siéntate con la columna recta. Observa todas las sensaciones que experimentas dentro de ti sin juzgarlas.

Lleva toda la atención a la respiración.

Después de hacer algunas respiraciones profundas, observa cómo la quietud fluye en ti.

Cómodamente, lleva la atención al chakra *muladhara*, ubicado en la base de la columna vertebral, entre el ano y los genitales.

Mantén toda la atención ahí unos momentos.

Repite esta afirmación en silencio, para tus adentros: «Observo mi energía sexual sin juzgarla». Sigue llevando tu atención y tu energía a *muladhara*.

Haz el *yoni mudra* sin esforzarte y sin sentir ninguna incomodidad en absoluto. Permanece en esta postura durante no más de dos minutos.

A continuación, manteniendo los ojos cerrados, retira las manos de la cara y abre los ojos. Mírate las manos. Luego procede a frotarte la cara y el cuello con ellas, muy suavemente.

A medida que te vayas sintiendo cómodo, reduce la velocidad del flujo de la energía y después detenlo por completo.

¿Y QUÉ OCURRE CON LA MUERTE? 8

Durante las primeras horas de la mañana del 23 de marzo de 1931, en el apogeo de la revolución india contra la dominación colonial, los guardias de cierta prisión entraron en la celda de un joven y le dijeron que se pusiera en una fila. Había llegado la hora de ahorcarlo.

El joven, que estaba leyendo la biografía de Lenin, sonrió y dijo:

—Un momento, señor. Un revolucionario se está encontrando con otro.

Cuando hubo terminado de leer el pasaje, el hombre dejó el libro a un lado y empezó a andar, junto con sus dos compañeros de celda, hacia la horca. Por el camino, cantaron una canción cuya traducción aproximada es: «¡Oh, madre India!, colorea mi túnica con tus colores».

Esta es una historia auténtica acerca de Bhagat Singh, un joven revolucionario que luchó por la independencia de la India. Según los relatos registrados, así como los testigos oculares, Singh tuvo claramente la ocasión de huir de la escena donde fue arrestado. En lugar de ello, eligió dejarse arrestar y ahorcar, con la intención de inspirar a la juventud del país.

Nací en el estado de Punjab, la misma región donde nació Bhagat Singh. Sus historias heroicas formaron parte de mi vida estudiantil. Y su muerte ciertamente me inspiró. Incluso después de tantos años, su nombre evoca respeto y honor debido a su valentía y a cómo eligió terminar el viaje de su vida. Decidió concluir su trabajo con su muerte.

El tema de este capítulo no es el patriotismo o cómo acabar con la propia vida a los veinticinco años. Es la libertad de la que uno goza cuando ya no teme la muerte. Debido a que no temía la muerte, Singh fue capaz de ofrecer valientemente su vida por aquello en lo que creía y elegir una muerte significativa. Cada uno de nosotros tenemos la oportunidad de ser tan audaces en relación con la muerte como lo fue Bhagat Singh.

UNA CULTURA DEL MIEDO

En nuestra cultura, se nos ha condicionado a pensar que la muerte es lo peor que puede suceder en el transcurso de una vida. Tememos incluso pensar en ella. En algunas culturas, se expresa mucho llanto y dolor en el momento de abandonar esta existencia. La muerte es un tabú para muchos de nosotros.

En la vida diaria, evitamos los pensamientos acerca de la muerte a toda costa, aunque temamos la llegada del día en que nos reclamará. Basta con mirar los anuncios de la televisión. Venden seguros para mitigar el riesgo de muerte, o productos farmacéuticos que prometen posponerla. El mensaje es claro: mantén la muerte alejada, porque es mala y, por lo tanto, aterradora. Los jóvenes son idolatrados. Existen cremas y multitud de productos y tratamientos antienvejecimiento. A menudo me pregunto: ¿por qué querría alguien no envejecer? Yo quiero envejecer con dignidad. Esto del antienvejecimiento me parece como un ataque contra el flujo de la naturaleza. ¡Nunca verás un árbol tratando de revertir su edad o una montaña intentando aparentar ser joven!

El envejecimiento tiene su belleza. Me encanta hablar con personas mayores. La sensación es parecida a la de leer novelas clásicas con tapas viejas. Me consuela hablar con alguien que «estuvo ahí e hizo eso». El envejecimiento y la muerte no son tragedias. Es nuestra ignorancia acerca de la muerte lo que la convierte en una tragedia.

Cuando no aceptamos que acabaremos por morir, el miedo y el pánico moran bajo la superficie de todos los momentos. Es como si tratásemos de evitar a un elefante que está en la misma habitación que nosotros. Nos esforzamos. Tenemos esperanzas. Procuramos controlar nuestras vidas para crearnos la ilusión de que podemos escapar de la muerte o, al menos, aplazarla. Cada decisión que tomamos está llena de ansiedad. Esto es así porque el miedo a la muerte subyace a todo miedo. Podemos ser conscientes de un miedo en particular, por ejemplo, a sufrir un accidente, experimentar una ruptura o afrontar cualquier cambio. Pero si aún no hemos afrontado el hecho de que nuestros cuerpos, nuestras mentes y nuestras personalidades se perderán, todo miedo se ve intensificado por el miedo final, el miedo a la muerte.

Podemos estar acostados pero despiertos por la noche, preocupados por todas las cosas «malas» que podrían suceder. Podemos preguntarnos si moriremos al cabo de unos días, unos meses o unas pocas décadas. Quizá nos arrepentimos por la vida que podríamos haber tenido si no sintiésemos tanto miedo. Tal vez creamos que necesitamos medicación ansiolítica para seguir viviendo.

Pero no tenemos por qué vivir así. Este miedo a la muerte es una norma que podemos romper. Cuando lo hacemos, podemos vivir la vida con coraje, sintiéndonos libres. Solo cuando aceptamos la muerte como un evento tan natural como el nacimiento somos libres para *vivir* realmente.

LO QUE TENEMOS

¿Por qué tememos la muerte? Tenemos miedo de caminar en la oscuridad porque no podemos ver lo que hay más allá de nuestros pasos. Sin embargo, cuando está iluminado, el mismo camino no nos asusta. El solo hecho de convertir la situación en conocida hace que seamos capaces de superar nuestro miedo. Lo mismo es cierto en cuanto a la muerte. La tememos porque no sabemos qué nos ocurrirá cuando llegue. No hay nadie ahí para instruirnos acerca de la muerte porque todo el mundo se relaciona con ella con dolor y tristeza. Siempre reaccionamos ante la muerte de los demás sintiendo un *shock* y experimentando dolor. Si pensamos en nuestras propias muertes, eso nos suscita dolor.

Hemos sido condicionados a temer cualquier tipo de pérdida. Nos sentimos muy mal ante la idea de perder nuestros cuerpos, pero el problema no acaba ahí. Es habitual que nos aferremos a todo lo que tenemos. Por ejemplo, durante la vida, nos preocupa en gran medida cómo adquirir riqueza y, cuando la tenemos, cómo conservarla. Cuando estaba estudiando finanzas en Manhattan, uno de mis profesores nos habló de una persona rica que estaba a punto de morir. Llamó a su mujer y preguntó por sus hijos.

—¿Dónde está Tom?

Ella respondió:

—Está sentado junto a tus pies, rezando a Dios.

—¿Dónde está John? –preguntó.

—Ha ido a buscar tu medicación–respondió la esposa.

—¿Dónde está David? –David era su tercer hijo, el más joven.

—También está aquí, cariño. ¡Estamos todos contigo!

—Bueno, ¿quién está en la oficina entonces?

Incluso en el momento de la muerte, muchas personas están apegadas a sus cuentas bancarias y hojas de balances. Para muchos, un aspecto significativo de su miedo a la muerte tiene que ver con la preocupación acerca de quién se hará cargo de toda la riqueza y los planes de negocios cuando se hayan ido.

¿Y qué se puede decir de las llamas ardientes del infierno? ¿Cuántas personas se sienten torturadas al pensar en la posibilidad de acabar *ahí* después de la muerte? En cuanto a aquellos que creemos en la reencarnación, el miedo a morir y regresar como indigentes o, peor aún, como gusanos viscosos, puede persuadirnos subconscientemente de tomar decisiones extravagantes. Compramos la última solución antienvejecimiento... Nos casamos con alguien «aceptable»... Nos esclavizamos solo para engrosar nuestro fondo para la jubilación...

¿Puedes ver cómo nuestro miedo a la muerte condiciona nuestro modo de vivir?

LA VERDADERA NATURALEZA DE LA MUERTE

Recuerdo el desgarrador viaje en tren hasta el hospital donde mi hermana había sido ingresada. Cuando llegué, recibí la temida noticia de que había entrado en coma. Murió unos días más tarde. Tenía solo diecinueve años y su muerte fue lo más difícil a lo que me había enfrentado. Podía entender que muriera una persona mayor, pero no mi hermana. Estaba estudiando para ser doctora. Tenía toda la vida por delante.

Me sentí totalmente perdido. Tuve una crisis de fe. Pero al mirar hacia atrás puedo ver que, aunque su muerte fue trágica, también constituyó un momento de nuevos aprendizajes. Me obligó a indagar sobre el significado de la vida y la muerte. Podía o bien lamentarme y rendirme o bien aceptar su muerte. Y al aceptar su muerte, acepté toda muerte. Esto es lo que ganamos al afrontar la muerte, se presente como se presente. Cuando buscamos entenderla, podemos soltar nuestros miedos. Te invito a explorar esto por ti mismo. Mi intención es guiarte a través de tu propio proceso por medio de compartir mis historias y descubrimientos.

Me he dado cuenta de esta verdad profunda sobre la muerte: que es tan natural y normal como el nacimiento. A menudo me preguntan si hay una manera de conquistar la muerte, pero mi respuesta siempre ha sido: ¿por qué quieres conquistar la muerte? «Conquistamos» a nuestros enemigos. La muerte no es algo que haya que conquistar. Lo creas o no, la muerte no es tu enemigo. En realidad, es un fenómeno sagrado e inevitable que podemos entender como un evento de la vida que es de esperar que acontezca, incluso que lo celebremos. Saber que la muerte es tan natural como el nacimiento es liberador. Ver cómo la gente va muriendo debería hacernos recordar con humildad que un día también moriremos. Y esto ha de ser así. Lo que nace debe morir.

La muerte es algo que todo ser vivo debe experimentar. No hay forma de evitarla; nadie está exento de pasar por ella. Nómbrame a una persona que sepas que no va a morir y cambiaré mi actitud sobre la muerte. La vida no está garantizada, pero la muerte sin duda lo está, así que ¿por qué angustiarnos por ella? No pretendo ser impertinente con este tema, pero está claro que todos nosotros moriremos. Nada de lo que podamos hacer cambiará este hecho. Sin embargo, sufrir en la muerte es opcional. La aceptación terminará con nuestro sufrimiento.

La clave de la aceptación es entender lo que *es* la muerte realmente.

Cuando se inventaron los aviones, la gente debió de preguntarse cómo esas máquinas podían surcar el cielo y no caer. Pero cuando se tiene un mayor conocimiento al respecto, uno ya ni tan siquiera se pregunta cómo es posible que esté volando a nueve mil metros de altura mientras se toma un refresco. No todo el mundo sabe por qué pueden volar los aviones, pero la experiencia de volar es tan habitual en la vida diaria que la mayoría de nosotros la aceptamos sin más. De la misma manera, una vez que afrontemos y entendamos el proceso de la muerte, ya no la temeremos; la aceptaremos como venga.

Como puedes ver, en realidad, la muerte es un acontecimiento completamente neutral. Cualquier significado que le otorguemos *depende de nosotros*. Esto significa que podemos abordarla con miedo, resistencia y dolor, o que podemos abordarla con curiosidad, compasión e incluso asombro. Esto es la verdadera libertad.

¿Cómo podemos elegir tener una relación más positiva con la muerte? ¡Por medio de romper las normas, por supuesto! Este capítulo enumera tres normas culturales habituales que, una vez que las hayamos roto, nos permitirán diluir nuestros miedos. Dale una oportunidad a lo que sigue y comprueba lo que sucede.

NORMA 18
SOMOS NUESTROS CUERPOS

A los pacientes de los hospitales se los declara muertos cuando una enfermera o un médico confirma la ausencia de las constantes vitales. Eso significa que mientras el corazón late y los pulmones respiran, existimos.

Pero ¿te has preguntado alguna vez si la historia no acaba ahí? ¿Es la vida un fenómeno puramente científico? ¿Está nuestra existencia relacionada solo con los procesos fisiológicos que pueden explicarse en una revista médica?

Si estás leyendo este libro, sospecho que ya tienes la corazonada de que nuestros cuerpos no son más que una pequeña fracción de nuestra totalidad. Sin embargo, en nuestra cultura se nos enseña en gran medida a identificar nuestros cuerpos con *quienes somos*.

Tras despertar, pensamos: «Hoy estoy cansado» u «Hoy me siento con energía», en lugar de pensar: «Mi cuerpo se siente cansado» o «Mi cuerpo tiene energía». Nos pasamos el día alimentando nuestros cuerpos, llevándolos del punto A al punto B y prestando atención al crujido de nuestras rodillas o a nuestra espalda dolorida. En un buen día, sentimos el placer del sol en nuestras caras o el abrazo de un ser querido. Estas experiencias pueden ser ciertamente conmovedoras. Pero en este sentido, estar «vivo» solamente se experimenta en el nivel físico, mundano.

Cuando meditamos o nos embarcamos en cualquier práctica espiritual con sinceridad, tenemos la oportunidad de despertar a estados más sutiles y sublimes de nuestra existencia. Tenemos la oportunidad de descubrir lo que no está hecho de células o tejidos, sino de conciencia y felicidad. Podemos tener una experiencia directa de la chispa que baila en nuestros corazones y les permite seguir existiendo cada día: el alma.

ROMPE LA NORMA
SOMOS ALMAS ILIMITADAS

Un alma es lo que anima un cuerpo. Es nuestra fuerza vital, nuestro corazón espiritual y nuestra conexión con el infinito. Está hecha de conciencia y amor incondicional. Aunque, como seres humanos, experimentamos nuestras almas a través de nuestros cuerpos, no están exclusivamente vinculadas a ellos. Realmente, sin el alma, el cuerpo no es más que un trasto. Al igual que tu iPad no sirve de mucho sin wifi, el cuerpo está vacío sin el alma. No niego que el cuerpo es importante. Es realmente precioso y se lo considera, muy acertadamente, el «templo» del alma. Pero el cuerpo no es lo que somos. Lo que somos es el alma.

Y si bien el cuerpo muere, el alma es eterna.

El cuerpo es un contenedor para nuestra fuerza vital. Cuando se pierde, la fuerza vital simplemente se mueve a un lugar diferente. Este proceso es similar a la forma en que abandonamos identidades y etiquetas a medida que pasamos de una etapa a otra de la vida. Somos la misma esencia, pero estamos constantemente cambiando y adoptando formas ligeramente diferentes.

En el curso de la vida, pasamos de ser estudiantes a profesionales, de solteros a casados, de no tener hijos a ser padres... Estos cambios de identidad pueden resultar fáciles o difíciles; no tiene nada que ver con los cambios en sí, sino con nuestro apego a nuestra anterior situación.

Cuando alguien nos pregunta quiénes somos, generalmente le respondemos diciéndole cuál es nuestro nombre, nuestro trabajo, nuestra nacionalidad o nuestro estado civil. Esta es la razón por la que pasamos por tanto dolor y angustia cuando una de estas etiquetas nos es arrebatada, ya sea a través de la enfermedad, la pérdida del empleo o el divorcio. *Estamos condicionados a creer que nuestras etiquetas definen quiénes somos. Cuando las perdemos, a menudo sentimos que no existimos. Pero así como el alma no está ligada al cuerpo, tampoco está sujeta a estas etiquetas. El alma existe en el reino del espíritu. Es libre.* Podríamos perder todas las etiquetas y lo que somos permanecería inafectado por cualquier pérdida, incluida la muerte.

El alma es ilimitada. Mientras que nuestras vidas físicas están sujetas en gran medida a lo que nuestros cuerpos pueden o no pueden hacer, la vida de nuestras almas no está constreñida por ninguna etiqueta o limitación. El alma no se halla, como el cuerpo, limitada por los ciclos de la muerte y el nacimiento. En realidad, el alma nunca ha nacido y, por lo tanto, no muere.

En nuestra ignorancia, percibimos que el mundo material es lo real. Esta es la raíz de todo miedo. Cuando tratamos de comprender nuestras almas y vivir según ellas, no tenemos miedo a la muerte.

EL AMOR ES LA PRUEBA

El amor existe en el reino del alma. Es verdad que podemos sentir amor cuando bailamos con nuestro ser amado. Lo sentimos cuando nuestras madres nos acostaban por la noche, de niños. Lo sentimos cuando nuestras mascotas saltan y nos lamen las manos al entrar por la puerta.

Pero si nuestro ser amado está en el trabajo, ¿se va el amor que sentimos por él? Cuando pensamos en nuestros más cálidos recuerdos de la infancia, ¿dejamos de amar a nuestras madres? ¿Dejamos de amar a nuestras mascotas cuando estamos haciendo recados? ¡Por supuesto que no!

Lo mismo ocurre en la muerte. Aunque el cuerpo desaparece, el amor se mantiene. Cuando un ser querido fallece, seguimos sintiendo la misma cantidad de amor —a veces incluso más—. Esto es así porque el amor es el alma. Y tanto el amor como el alma son ilimitados. Son inmortales e incondicionales, y no están limitados por el cuerpo. Ambos son *lo que realmente somos*, en nuestra esencia.

Una vez más, no debes hacerme caso y «creer» que eres un alma. La única manera que tienes de obtener el coraje y la libertad que se derivan de conocer tu alma es experimentar su presencia por ti mismo.

TU ALMA MORA DENTRO DE TI

Uno de los beneficios de la meditación es que te ayuda a tener un atisbo de tu alma. En las etapas avanzadas de la meditación y, por supuesto, con la ayuda de un guía espiritual cualificado, los buscadores pueden tener experiencias fuera del cuerpo. Durante estas etapas avanzadas, uno tiende a experimentar el alma tal como es.

Cuando experimentas el alma, también experimentas su omnipresencia. Te das cuenta de que estás aquí, allí y en todas partes. Si estoy conduciendo una meditación guiada con una persona, con unas pocas personas o incluso con cientos de ellas, los comentarios que más escucho son que vieron su cuerpo durante la meditación o que se sintieron *viajando* fuera del cuerpo.

No soy un buda o un mago. Lo que la gente experimenta no es más que su estado de conciencia natural. Todo lo que puedo hacer es preparar a las almas con algunos ejercicios de calentamiento y luego conducir una meditación guiada con mantras para llevar a la gente a tener estas experiencias. Los antiguos maestros eran Einsteins espirituales que crearon métodos potentes, orientados a la obtención de resultados, para que los buscadores tuviesen una experiencia directa de la divinidad.

La meditación es un prerrequisito para la comunicación del alma. Cuando hayas adquirido unas habilidades meditativas básicas, podrás hacerle preguntas a tu alma y escuchar sus respuestas. Cuando tengas una experiencia directa de tu alma eterna, sabrás qué es lo que no muere. A partir de entonces no tendrás nada que temer.

EJERCICIO   PREGUNTAS Y RESPUESTAS CON TU ALMA

¿Alguna vez te has cuestionado qué le preguntarías a tu alma si tuvieras la oportunidad? En realidad, tienes esta oportunidad siempre que quieras. En meditación, puedes conectar con tu alma sin esfuerzo y hacerle cualquier pregunta. Otra forma de proceder es escribir una pregunta en un papel antes de dormirte. Y a algunas personas les gusta sumergirse en estos interrogantes en las primeras horas de la mañana, cuando los rayos del sol están besando las gotas de rocío en las flores. La experiencia me dice que cuando uno empieza a dedicar tiempo y atención a estas preguntas, el universo conspira para hacerle llegar la información que ha pedido.

En este ejercicio, elige una de las preguntas que siguen y medita sobre ella. Puedes regresar a la misma pregunta tan a menudo como quieras y elegir una diferente otro día. También puedes hacer tus propias preguntas.

No hagas preguntas para encontrar una respuesta exacta y específica. El objetivo es meditar sobre la cuestión con actitud de entrega y dejar que las respuestas acudan a su manera.

Siéntate en una postura cómoda. Cierra los ojos y respira profundamente. Lleva la atención al corazón o al tercer ojo (el espacio que hay entre las cejas) y haz la pregunta, tranquilamente.

A continuación, deja que la pregunta se incube en tu interior. No trates de obtener la respuesta; recuerda que este no es el objetivo. El objetivo es lanzar la pregunta; la respuesta vendrá cuando estés listo. He aquí algunas preguntas que le puedes hacer a tu alma:

¿Quién soy?

Con esta pregunta, tu objetivo debería ser hallar las raíces de tu existencia. ¿Quién eres en realidad? Descúbrelo por ti mismo. Sigue preguntándote: «¿Quién soy?». Puede ser que no te guste la respuesta que crees percibir, pero no te preocupes por ello. La mente te dará muchas respuestas fantásticas. Especialmente si has estado en el «mercado espiritual» durante un tiempo, te dará respuestas como «eres un alma divina», «eres amor» o «eres el perdón». Recházalas. Los antiguos maestros usaron el mantra *neti neti*, que significa 'ni esto ni aquello'. Los maestros recomendaron desechar todas las respuestas lanzadas por la mente. Solo entonces se puede ver cómo las capas se van despegando para revelar una respuesta no conceptual a la pregunta.

¿Cuál es la fuente de mi felicidad?

Deja que esta pregunta revele una sola respuesta: ¿de dónde sacas tu felicidad?

¿Cuál es mi fuente?

Es muy sencillo: pregúntale a tu alma cuál es la fuente de tu existencia. Llegaste al mundo a través de tu madre, pero tu fuente raíz está en algún lugar más profundo. Tu madre fue solo un medio. Tu existencia presenta muchas capas. ¿Quién mejor que tu alma para hacerle esta pregunta?

¿Cuál es el significado de la vida y la muerte?

Esta es la pregunta que más me hacen en todas mis charlas. Todo el mundo quiere saber el significado de la vida y la muerte. Los asistentes me hacen esta pregunta una y otra vez. Esta es tu oportunidad de obtener la respuesta desde dentro de ti, desde tu propia alma.

NORMA 19

LA MUERTE ES EL FINAL

Si un ser querido fallece, podemos suponer que, puesto que ya no puede sentarse a la mesa de la cocina y tomar el té con nosotros, ha dejado de existir. Esto ocurre porque en nuestra cultura creemos, en gran medida, que la muerte es el final. No tenemos un contexto que nos instruya acerca de lo que sucede después de la muerte. Creemos que nunca volveremos a conectar con nuestros seres queridos fallecidos y tememos perder a los que todavía están vivos. Esta creencia a menudo alimenta el miedo ante nuestra propia muerte. ¡Por supuesto, la muerte es muy aterradora si creemos que la corta vida de la que gozamos en un cuerpo es todo lo que tenemos!

Pero la muerte no es el final. La muerte es solo un cambio de forma.

Fui educado como hindú, así que mi comprensión acerca de lo que sucede después de la muerte ha girado siempre en torno a la reencarnación. Pienso en el cuerpo como en una camisa que el alma se pone con el nacimiento y que se quita con la muerte. El cuerpo seguirá cambiando, pero el alma permanece para siempre. El alma nunca ha muerto y, por lo tanto, nunca ha nacido. Pero es el cuerpo el que obtiene la mayor atención, porque siempre nos estamos entregando a él. Y creemos que cuando el cuerpo muere, el alma también lo hace. Sin embargo, como ya he indicado, el alma es eterna; por lo tanto, lo que ocurre con la muerte es que «se cambia de camisa».

Todas las religiones del mundo ofrecen explicaciones acerca de lo que sucede cuando tiene lugar este cambio de forma. Los cristianos creen que los practicantes devotos van al cielo. Los hindúes creen en la reencarnación. Si tienes curiosidad por saber lo que predican los distintos caminos espirituales sobre la vida después de la muerte, te sugiero que leas lo que dicen todos o que no leas lo que dice ninguno. De esta manera, no estarás en manos de ningún dogma. Si leemos toda la literatura sobre la muerte de todas las culturas veremos que, aunque cada sendero espiritual tiene una visión diferente, todos comparten una perspectiva: la de que la muerte no es el final.

Por supuesto, nunca te recomendaría que tuvieras fe en mis palabras —ni en las de ninguna persona— en relación con este tema. La mejor manera de darse cuenta de que la muerte no es el final es experimentarlo por uno mismo. Nuestros seres queridos pueden darnos esta experiencia cuando fallecen. Si oramos y meditamos con la intención de conectarnos con las almas de aquellos a quienes hemos perdido, a menudo tenemos la sensación de que su esencia sigue estando ahí para poder conectar con ella. Aunque sus cuerpos han muerto, sus almas se comunican con nosotros. Nos revelan que el espíritu no termina con la muerte.

En la India, es habitual contemplar las almas de nuestros seres queridos de esta manera. De hecho, nuestra cultura tiene rituales para que las familias establezcan contacto con aquellos que han fallecido inmediatamente después de su muerte. Es inmensamente valioso procesar cada fallecimiento por medio de establecer una conexión después de la defunción. Esto no solo nos ayuda a sentir paz después de una pérdida, sino que también refuerza nuestra fe en que el alma no muere al darnos una experiencia directa de su vida eterna.

ROMPE LA NORMA
EL AMOR NUNCA ACABA

Nunca olvidaré el día en que estaba estudiando tranquilamente en mi casa de Nueva York, cuando recibí una llamada telefónica de la India que lo cambió todo.

—Ram ha sufrido un accidente en el *New York City Waterfalls*. Sus heridas eran demasiado graves. Ha muerto.

Me sentí como si me hubiesen dado un puñetazo en el estómago. Mi primo Ram tenía solo veintidós años. ¿Cómo podía haberse ido?

La muerte de Ram fue un golpe para toda mi familia, especialmente su madre. Mi tía tenía tres hijos, pero estaba más unida a Ram. Era él quien mantenía la familia cohesionada. Era él quien cuidaría a sus padres cuando fuesen ancianos. Mi tía sintió de repente que toda su familia estaba perdida, sin un sol que le diera vida y la mantuviera junta en una órbita lógica.

Vi la desesperación de mi tía y me preocupé mucho. Era como si su alma también hubiera dejado su cuerpo, a pesar de que seguía con los asuntos propios de la vida (hornear *naan* y cuadrar las cuentas). Pero no tenía chispa en los ojos. Recé para encontrar una manera de ayudarla.

Una noche, mi primo acudió a mí en un sueño. Se le veía joven y feliz y me dijo que le iba muy bien. Me pidió que le dijera a su madre que estaba bien, que no necesitaba preocuparse. Necesitaba que ella aceptara su muerte.

A la mañana siguiente me apresuré a transmitirle el mensaje a mi tía. Lloró y pude ver que sus hombros se relajaban, a la vez que su cara se volvía un poco más brillante. Más tarde, ese mismo día, visitamos un santuario donde meditamos juntos durante horas. Ambos pudimos sentir la presencia de mi primo. A través de la oración y de tener la conciencia y el corazón abiertos, permitimos que el amor que compartíamos con Ram nos tocara. Ese contacto sanó el dolor de nuestra conmoción y de nuestra aflicción. Abandonamos el santuario sintiéndonos renovados.

Después de ese día, mi tía comenzó a sentir felicidad de nuevo. Muchos factores externos de su vida familiar cambiaron en sentido positivo. El negocio familiar dio un giro para mejor. Sus otros hijos comenzaron a pasar más tiempo en casa. Lo mejor de todo fue que mi tía recuperó su chispa.

Por supuesto, cuando muere un ser querido, nuestros corazones se rompen. Sufrimos la pérdida de una forma en particular. Una vida es una bendición. Una vida es una *vida*. Cuando termina, es natural sentir aflicción. Pero el amor no termina. En el templo en que estuve con mi tía, el amor estaba en todas partes. Estaba vivo; tocó nuestra piel, administró un bálsamo curativo al tejido crudo que se aloja en nuestras cavidades torácicas. Y sentimos muy claramente que ese amor era *el mismo amor* que compartimos con Ram cuando aún estaba en su cuerpo.

Esto es así porque el amor tiene lugar entre las almas. El alma misma *es* amor. Amor incondicional. Ni el amor ni el alma terminan, ni siquiera con la muerte.

EJERCICIO — INVESTIGAR LA MUERTE

Como dije anteriormente, es imperativo que investigues por ti mismo lo que ocurre después de la muerte. Los dogmas no pueden hacernos creer. Y el propósito de entender lo que nunca nació y nunca puede morir no es ser un «buen» creyente religioso. Nos esforzamos por comprender la vida después de la muerte para dejar de temer a esta. Este ejercicio te ayudará a buscar la sabiduría para que puedas romper las normas del miedo que evitan que muchos de nosotros vivamos plenamente la vida.

Prepara en tu hogar un lugar tranquilo y confortable en el que meditar. Sitúa en tu línea de visión la foto de un ser querido a quien hayas perdido. También puedes colocar cualquier objeto que tenga significado para ti, como la concha de una playa en la que pasaste tiempo con tu ser querido, o un artículo personal que le perteneció.

Cierra los ojos y tómate un tiempo para respirar, hasta que te sientas centrado.

A continuación, permanece sentado en meditación con la intención de experimentar la presencia de esa persona. No trates de forzar nada ni de pensar demasiado. Tan solo relájate y permite que tu meditación se desarrolle.

Ten en cuenta que puedes sentir la presencia de tu ser querido en los momentos en que estás sentado, pero también cuando no lo estés esperando. Con el solo hecho de permanecer sentado con la intención estarás poniendo en marcha la manifestación del resultado deseado.

Asimismo, es una práctica habitual empezar cada día dedicando un momento de gratitud y amor a quienes han fallecido. Se cree que nuestro reconocimiento no solo les aporta sanación a ellos, sino que también nos brinda fuerza a nosotros.

NORMA 20

VAMOS AL CIELO O AL INFIERNO CUANDO MORIMOS

El otro día estaba conduciendo por la autopista cuando vi un enorme cartel que decía algo así como: «El final está cerca. Jesús nos salva. Llama al 888-NO-INFIERNO». Vale, no me acuerdo del número exacto al que había que llamar, pero recuerdo el mensaje claramente: acepta a Jesús o arderás en el infierno por toda la eternidad. ¡Caramba!

Cada religión contiene unas creencias propias relativas a los castigos y las recompensas que les esperan a los muertos. Esto a menudo hace que Dios parezca un director general que rige sobre distintas divisiones (las religiones); en cada división hay unos empleados sumamente competentes, unos «dioses menores», que registran todos y cada uno de los actos que ejecutamos en nuestras vidas. El sistema parece estar configurado de tal manera que la vida humana no es más que un lapso de tiempo durante el cual debemos demostrar nuestra valía. En este paradigma, vivimos para temer a Dios —y la vida misma—. Vivimos la vida con miedo a lo que sucederá cuando muramos.

Pero hay un secreto que, cuando se comprende, destruye cualquier ilusión de un Dios que imparte castigos o recompensas. El secreto es este: tanto el cielo como el infierno —y la vida misma— son constructos de nuestra conciencia.

Este secreto, si bien está registrado en los textos védicos, no tiene nada que ver con dogmas, religiones, normas culturales y carteles amenazadores. Eso es así porque la conciencia es libre. Tu alma es libre. Y eres libre de centrarte en el odio y ser desgraciado, o de centrarte en el amor y ser feliz. Aquello en lo que te enfoques se convertirá en tu experiencia. Esto es cierto tanto si estás vivo como si te estás acercando a la muerte, o como si has hecho el tránsito de tu vida actual a la otra vida.

Sin embargo, no me creas a mí. Puedo compartir mi historia y ofrecer lo que he descubierto, pero en última instancia, tú eres el único que puede reconocer esta verdad en ti mismo.

TU DESTINO DEPENDE DE TI

En la India, los astrólogos son considerados altas autoridades a las que consultar a la hora de tomar decisiones vitales determinantes. Los matrimonios se organizan en función de la compatibilidad que muestran las cartas astrales. Los propietarios de negocios toman las decisiones importantes basándose en lo que indican «las estrellas»...

Cuando, en una ocasión, acudí a que me leyesen la carta astral, el astrólogo me dijo que «estaba escrito» que yo sería alguien con mal genio y enojado. Ese era mi destino y no había nada que hacer al respecto. Pero yo no quería vivir una vida hostil. Quería sentir paz..., así que medité.

Por aquel entonces ya sabía que el trabajo espiritual profundo puede cambiar muchos resultados que parecen grabados en piedra. Cuando fortalecemos la conciencia por medio de las prácticas, podemos cambiar patrones que han estado vigentes durante años, incluso vidas. Esto es así porque somos constructos de nuestra conciencia.

Podemos pulir la calidad de nuestro mundo interior y descubrir que nuestros pensamientos son maleables. Podemos dirigir el poder de nuestra conciencia desde un espacio de amor incondicional. Y damos energía a aquello en lo que ponemos la atención, tanto si se trata de la ira y el miedo como del amor y el servicio. Con la meditación, fui quemando capas de frustración y enojo. En la actualidad, mi vida interior y exterior es generalmente apacible. Puesto que mi vida es apacible, espero una muerte y una vida después de la muerte apacibles. Esto es tan claro como que un río fluye por su cauce.

Te voy a contar una historia para ilustrar este concepto: un reputado rey de la India tuvo un hijo. Se le dijo al rey que su hijo se convertiría o bien en el mayor rey que este mundo hubiera visto o bien en un monje desapegado de las actividades mundanas. Los astrólogos le aconsejaron esto al monarca:

—Si quieres hacer de él un rey, mantenlo alejado de todo sufrimiento.

Consecuentemente, el rey mandó construir grandes mansiones, cada una apropiada para cada estación del año, y dispuso que su hijo estuviese rodeado de las muchachas más hermosas. Al príncipe le mostraron solamente exponentes de la felicidad, la belleza y la longevidad. Un día, estaba en el exterior y vio a unas personas que llevaban un cadáver a una pira funeraria. No sabía lo que estaba sucediendo, así que, por curiosidad, se lo preguntó a todo el mundo. Recibió un gran impacto cuando se enteró de que todos los seres humanos envejecen, enferman y finalmente mueren.

La muerte se le apareció como su gurú en ese momento. Esto lo apartó de las ocupaciones materiales y dejó el reino para encontrar el significado de la vida. Esta persona es conocida por nosotros como el Buda, el maestro iluminado al que a todos nos gusta amar. Encontró su destino precisamente en el mismo camino que le obligaron a seguir con el fin de evitar ese resultado.

De la misma manera, por medio de enfocar tu intención y tu conciencia, puedes construir o modificar cualquier aspecto de tu supuesto destino. Y este destino incluye tu estado mental cuando mueras.

¿Alguna vez has notado que cuando estás de mal humor, maldiciendo el tráfico o la cola del supermercado, siempre encuentras algo más a tu alrededor que te molesta? Puedes tener la impresión de que las experiencias negativas se presentan una tras otra, y de que el mundo está en tu contra adondequiera que vayas.

Pero si te sientas en silencio y meditas durante unos minutos, te prometo que tu día va a cambiar. La meditación elimina la escoria de la superficie de los pensamientos y nos permite experimentar la amplitud del alma. Tu alma no está malhumorada, ni es hostil o impaciente, sino que es amor incondicional y conciencia. Cuando te conectas con el alma, tu percepción cambia. Y cuando tu percepción cambia, todo tu mundo adquiere un mayor brillo. Te enfocas mucho más en lo que es realmente importante. Te das cuenta de que eres libre de elegir tu experiencia. Como puedes ver, tu esencia puede elegir cómo experimentas la vida —y cómo experimentas la muerte.

Somos cocreadores en el juego de la vida y la muerte. Puedes participar en este juego por medio de efectuar elecciones conscientes y ser consciente, por medio de prestar atención a todos los detalles que acontecen dentro de ti y a tu alrededor. Cuando sabemos este secreto, no tenemos nada que temer.

ROMPE LA NORMA
ELIGE TU VIDA (Y TU MUERTE)

Cualquiera que desee vivir en libertad se beneficiará enormemente de darse cuenta de que nuestra conciencia crea todas las experiencias, tanto las positivas como las negativas. Básicamente, todos vamos hacia el mismo destino, que es la muerte. La pregunta es: ¿cómo queremos llegar ahí?

Si tomamos decisiones porque tememos el infierno, en realidad no estamos viviendo. Del mismo modo, si tomamos decisiones porque estamos tratando de llegar al cielo, no somos libres.

He visto separarse a muchísimos jóvenes amantes pertenecientes a familias enfrentadas a causa de la creencia de que su matrimonio desagradaría a Dios. ¿Y qué decir del caso de dos hombres que están enamorados pero que temen que, si se casan, irán al infierno? Creo que estos ejemplos muestran cómo podemos desperdiciar la bendición que es la vida por tratar de evitar el castigo después de la muerte.

Los yoguis de la India no anhelan el cielo ni temen el infierno. Tampoco tienen miedo de morir. Viven cada día como una preparación para el momento final. Por lo tanto, no adquieren mucha riqueza ni se aferran a los rencores. Durante mi visita al río sagrado Ganges en la ciudad india de Haridwar, he visto a menudo a muchos *saadhus* (santos) meditar en el río y abandonar apaciblemente el cuerpo, a voluntad. ¿No lo crees? Viaja allí y contémplalo con tus propios ojos.

También tengo un vídeo en YouTube en el que se me ve sentado junto a un *saadhu* que se ató una manta para mantenerse pesado, probablemente siguiendo algún ritual, y dejó el cuerpo. Algunos se sientan en un bote y abandonan el cuerpo de forma apacible. No se trata de suicidios, y tampoco toman ninguna droga ni usan ningún otro medio para acabar con su vida. Tienen tal control sobre la mente y el cuerpo que pueden retirar el alma de él cuando lo desean.

El concepto de muerte yóguica puede parecer próximo al de conquistar la muerte. Pero si lo examinas profundamente y con conciencia, verás que esos maestros nunca tuvieron la tentación de vencer a la muerte. Sencillamente, quisieron pasar a la siguiente fase *de la forma en que deseaban hacerlo*. El hecho de haberse liberado del miedo a la muerte les dio la libertad suficiente para vivir la vida y la muerte según su elección.

Todo se reduce a elecciones. Alguien le preguntó una vez a mi abuelo qué son el cielo y el infierno, y esta fue su respuesta:

—Cuando tenemos la comprensión de que somos seres divinos, estamos en el cielo. Cuando no tenemos esta comprensión, estamos en el infierno.

Esta declaración me bastó para navegar por esta vida. Entiendo que mi abuelo no hizo más que indicar el poder que tenemos de elegir. Sobre la base de esta comprensión, vivimos en muchos infiernos y cielos todos los días.

Estamos en el infierno en estos casos (son meros ejemplos):

- Cuando sentimos celos.
- Cuando sembramos las semillas del odio hacia alguien.
- Cuando nuestras intenciones no están arraigadas en el amor.
- Cuando caemos en la trampa de la ira.
- Cuando hacemos algo para vanagloriarnos.

Y estamos en el cielo en estos casos (tampoco son exhaustivos):

- Cuando volvemos a ser como niños (pero no infantiles).
- Cuando permanecemos en un estado de conciencia pura.

- Cuando practicamos el amor incondicional.
- Cuando ofrecemos ayuda incondicional a los necesitados.
- Cuando nos encontramos en un estado de gozo.

Por lo tanto, la moralidad de un acto no atañe solamente a si es «correcto» o «incorrecto», sino también a la experiencia que nos estamos creando. Nos creamos experiencias felices u horribles tanto durante la vida como en el momento de morir, así como después de la muerte del cuerpo.

MÁS ALLÁ DE LA MORAL

Quiero arrojar algo de luz sobre el concepto de la moral porque desempeña un gran papel en la elección de nuestro cielo o infierno personal. Mi opinión es que no existe nada «perfectamente correcto» o «perfectamente equivocado» en el mundo. Todos los códigos de moral son productos de la mente humana. Podemos actuar desde estados de conciencia más elevados o menos elevados, pero estos actos no pueden etiquetarse, en sí mismos, como correctos o incorrectos.

Yo nací en la cultura hindú, en la que se te dice, en el momento de contraer matrimonio, que solo con que pienses en una mujer que no sea tu esposa estás cometiendo un acto pecaminoso. Mientras tanto, en la religión musulmana se te permite casarte hasta con cinco mujeres. Lo que es normal en una cultura es completamente inaceptable en otra. La moral aparece definida de manera diferente según los credos. Si bien siento que hay malos actos universales (como las torturas de la violación, el abuso infantil, el asesinato como forma de castigo, el abuso conyugal y algunos otros por el estilo), es difícil catalogar las opciones en cuanto al estilo de vida como fundamentalmente pecaminosas o nobles.

En el contexto de mi actividad profesional como guía espiritual, a menudo me encuentro con que varios miembros de la misma familia me abren sus corazones y me piden que decida quién tiene razón y quién no. En muchas ocasiones, todos tienen razón; sus acciones son correctas para su conciencia. Al final, siempre llego a la misma conclusión: que cada persona debe trabajar para elevar su conciencia y dejar que la divinidad se ocupe de las acciones.

Que vayas al cielo o al infierno después de morir depende totalmente de lo que elijas. No importa lo que proyectes al mundo exterior; si sientes dentro de ti que has hecho algo mal y te sientes culpable, esto se convierte en la base de la experiencia que tendrás después de la muerte. Hay personas que hacen obras de caridad porque creen que si contribuyen con la humanidad serán recompensadas de alguna manera después de la muerte. Por lo tanto, el cielo y el infierno, al igual que la vida, son meras proyecciones de nuestra conciencia. En ese caso, ¿por qué no elegir el cielo? ¿Por qué no elegir tener pensamientos y llevar a cabo acciones que eleven nuestra conciencia y nos proporcionen una experiencia del amor divino, incondicional?

No hay ningún empleado a las órdenes de un director general celestial que esté esperando a que mueras para decidir qué hacer contigo. El misterioso sistema de la existencia es más eficiente que cualquier corporación bien administrada. Sencillamente, recibimos según lo que estamos invirtiendo.

¿POR QUÉ NO ELEGIR EL CIELO?

A menudo me pregunto por qué debemos molestarnos tan siquiera en lidiar con preguntas como esta. Porque cuando ya no tenemos miedo de acabar en el infierno, cuando ya no nos torturamos tratando de ser buenos para poder ir al cielo, tenemos la oportunidad de vivir la vida sin miedos. Tenemos la libertad de amar *a quien* amamos y de amar *lo que* amamos. Podemos seguir los dictados del corazón incondicionalmente. Podemos tomar decisiones que sirvan al propósito de nuestra alma. Y podemos conocer a Dios íntimamente, sin segundas intenciones.

El amor y la verdad son lo mismo. La verdad es la conciencia omnipresente. Esta verdad es nuestra herencia, procedente de nuestra alma. Cuando una persona tiene un atisbo de ella, todas sus ilusiones se disuelven. Es esta verdad la que irrumpe a través de nuestro condicionamiento cultural y de los limitados conceptos que tenemos acerca de quiénes somos. La verdad suaviza el odio y nos permite perdonar. Nos incita a servir a los demás. Un corazón que ama la verdad puede soportar cualquier sufrimiento o pérdida, incluida la muerte.

Cuando nos damos cuenta de esta verdad, que tiene su origen en la conciencia de nuestra alma, pasamos a vivir sin miedo. Y una vida sin miedo conduce a una muerte sin miedo. Así, ¿por qué no enfocarnos en la verdad? ¿En el amor divino? Estas son las fuerzas que nos liberarán de nuestro condicionamiento. Cuando elegimos estos aspectos primero, todo lo demás viene solo. No tenemos nada que temer. Somos libres para *vivir*.

Siento que esto es el cielo.

MEDITA SOBRE TU CIELO
E INFIERNO INTERIORES

Te sugiero que realices este ejercicio en las primeras horas de la mañana, cuando tu mente aún no se ha visto bombardeada por las exigencias del día.

Siéntate cómodamente en la naturaleza o en un lugar tranquilo dondequiera que estés. Escribe las siguientes preguntas en un papel:

- ¿Cuál es mi definición de *cielo*?
- ¿Cuál es mi definición de *infierno*?
- ¿Llevo a cabo actos o tomo decisiones a partir de las ideas que tengo en cuanto a lo que son el cielo y el infierno?

No es necesario que anotes las respuestas. Lleva la atención al corazón. Siéntelo. Fluye con él. Piensa en las preguntas que acabas de escribir. Tómate tu tiempo para que te lleguen las respuestas, que no deben ser conceptuales.

Conclusión

SIGUE ROMPIENDO LAS NORMAS

¿Cómo te sientes ahora que has acabado de leer todo el libro? Tal vez te apetezca volver a leerlo. O tal vez quieras repasar el capítulo que te ha incomodado más. Haz lo que sientas. Ahora que has logrado completar este viaje relativo a romper las normas, has aprendido la importancia de cuestionar todo lo que te han enseñado. Has descubierto que escucharte a ti mismo por encima de todo es el acto espiritual más audaz que puedes llevar a cabo. Y has aprendido que la libertad y la alegría pueden constituir tu realidad.

En este recorrido, hemos hablado de Dios y la verdad, la vida y la muerte, el sexo y el amor. Espero que hayas explorado profundamente lo que todo ello significa para ti. Espero que tengas una comprensión más clara de tu propio ego y del papel que juega en tu vida. Y, sobre todo, espero que hayas descubierto una mayor claridad, una mayor paz y un mayor sentido del propósito de tu vida.

Lo que has aprendido en este libro no es más que un calentamiento para tu conciencia. Si tu conciencia ha sido programada de cierta manera durante muchos años, no espero que modifique su programación por el solo hecho de leer un libro. Por lo tanto, te invito a releerlo después de unos días o semanas y a aplicar de nuevo las lecciones que te ofrece. Repasa el ejercicio del primer capítulo. A continuación, elige leer el capítulo que más resuene contigo. La primera lectura te llevó a familiarizarte con tus normas. En la segunda es cuando tendrás comprensiones repentinas que te llevarán a una conciencia superior.

EVOCAR, INVITAR E IMPLICAR

Es importante que te des cuenta de que este trabajo es un proceso continuo. Clarificar la conciencia es como darse una ducha diaria. Nos sentimos frescos, con claridad y energía si dedicamos tiempo a nuestro baño espiritual cada día.

Con el fin de aplicar los principios de este libro en el mundo a diario, te recomiendo evocar, invitar e implicar:

Evoca las preguntas que surjan en ti después de leer estas páginas. No dejes de cuestionarte cosas. No es obteniendo respuestas como hallarás la verdad, sino haciendo preguntas. Hazte preguntas en relación con tus maestros espirituales, la sociedad, la religión, el gobierno y, lo más importante, en relación contigo mismo. Tus cuestionamientos pueden molestar a quienes hallan consuelo en las normas, pero no aceptes la idea de que debes vivir la vida como la viven los demás. No quiero que veas el canto y el baile de la vida; quiero que *te conviertas* en el canto y el baile. Sé el acto de la creación. Esta es tu realidad.

Invita a tu ira, tus deseos, tu ego, tus apegos y tu codicia a ser tus amigos. No puedes cambiar a un enemigo. Si tratas a estos elementos como a tus enemigos, los ves como obstáculos, como partes indeseables y pecaminosas de tu existencia. Cuando cambias tu percepción, desarrollas una comprensión más profunda de tu realidad. Ya no estás atado por la forma en que la sociedad define estos elementos. Quiero que invites a tus heridas y cicatrices más profundas y te encuentres con ellas una tras otra. Estos elementos son tu puente para pasar al otro lado del poder que tienen sobre ti. Muchas personas eligen evitar esta ruta y tratan de saltar directamente al destino. El que desea verdaderamente romper las normas entiende que no puede saltarse este paso.

Implica la meditación en todas tus actividades. No la restrinjas a unas áreas escogidas de tu vida. La meditación no es una parte separada de tu estilo de vida. Es la *base* de tu estilo de vida. Además de una meditación expresa por la mañana o por la noche, lleva la meditación a todos los momentos. Siente cada bocado cuando comes, siente cada gota de agua cuando te duchas y siente que todo tu ser se funde con otro cuando le das un abrazo. Quiero que estés presente e implicado dondequiera que te encuentres.

La meditación es una herramienta importante –tal vez la más importante– para descubrir tu vida más auténtica. Sin ella, este libro no tiene mucho significado. Con la meditación, tienes el poder de modificar tu destino. Por lo tanto, medita a diario, sin mayor dilación.

LOS PRÓXIMOS PASOS

Una vez que hayas hecho el trabajo de desaprender las normas que ya no te sirven, ¡empieza la verdadera diversión! Es entonces cuando puedes implicarte con la vida que se supone que debes vivir con un corazón puro y valiente. Al no estar ya atascado siguiendo un precepto que es para otra persona, tienes la libertad y el poder de crear lo que te dictan tus deseos conscientes. Esto es lo que realmente significa vivir una vida con propósito.

Con este poder viene la responsabilidad de manejarse de maneras que eleven y enriquezcan el espíritu. Te darás cuenta de que puedes atraer determinadas personas y situaciones a tu vida. Así pues, ¡asegúrate de saber lo que quieres traer a tu espacio! La meditación es el ancla que te mantiene firme y claro en tu poder. Regresa a ella momento tras momento, día tras día, semana tras semana.

UNA PETICIÓN COMO DESPEDIDA

Escribir estas páginas ha sido una tarea que ha requerido mucha responsabilidad por mi parte, ya que ha sido la primera vez que he compartido la sabiduría de mis antepasados y mi propio viaje espiritual en una plataforma tan abierta. Ahora que este libro ha visto la luz y que he vertido mi corazón en él, quiero pedir tu ayuda para extender el mensaje.

Me encantaría que acudieras a tres personas de tu elección y les pidieras que también rompiesen *sus* normas condicionadas. Puede ser cualquier conjunto de normas. Tanto si se trata de su forma agresiva de conducir como de sus hábitos alimenticios autodestructivos, o de que evitan la meditación, el objetivo es llevarlas a bordo para que ellas también puedan tomar conciencia de su yo condicionado. Después, a su vez, esas personas pueden elegir a tres personas más para que rompan sus normas. El mundo que nos rodea no ha alcanzado su máximo potencial. Tomémonos esto personalmente y ayudemos a otros a romper las normas de la conciencia colectiva condicionada.

Break the Norms se ha convertido en un movimiento a su manera. Lo que comenzó como una página de Facebook llega actualmente a mucha gente a través de grupos de Internet y eventos públicos. Una de las principales misiones de *Break the Norms* es crear comunidades de meditación a escala mundial y ayudar a las personas a romper sus normas. Te animo a que utilices este libro como una guía para crear comunidades de meditación en tu zona. No tienes que ser un profesor de meditación acreditado o un yogui de la Nueva Era; basta con que tengas la voluntad de reunir una comunidad de buscadores. Puedes encontrar información detallada al respecto en www.BreakTheNorms.org. Espero que seas de mi tribu y te unas a mí en esta misión.

AGRADECIMIENTOS

Una visión y una esperanza, que empezaron a estar presentes en mi conciencia durante mis años escolares, tomaron muchos caminos y dieron muchos giros. Ahora, finalmente, se han manifestado en un libro. Durante los últimos años, muchos factores de inspiración han entrado en mi vida para apoyarme y alentarme a escribir esta obra, y quiero aprovechar esta oportunidad para expresar mi gratitud.

Deseo manifestar un humilde reconocimiento a todos los gurús del mundo, los maestros que descodifican los misterios de la vida. Los grandes gurús del universo me guiaron ofreciéndome orientación a nivel intuitivo y enviándome inspiraciones a través de sus «canales». Yo no soy más que un medio. Únicamente he dado voz a los maestros que quieren que nos cuestionemos todo lo que pensamos que sabemos.

Una dedicatoria a mi hermana, Pooja, y a mi mejor amigo, Abhishek. Vuestros fallecimientos erradicaron muchas ilusiones de mi vida. Ambos me disteis el propósito de cuestionar la vida y la muerte. Las cosas habrían sido diferentes si estuvieseis por aquí. Os echo de menos a los dos.

Un agradecimiento a mis queridos Naana Ji, Daada Ji y Daadi Maa. Siento vuestras bendiciones, siempre.

Madre, tu amor me recuerda constantemente todo lo que es divino y hermoso en el mundo. Que estos escritos reflejen tu increíble educación y tus increíbles valores. ¡Te quiero!

Un agradecimiento a mi mejor amiga, mi verdadera media naranja, Rupali. Tu presencia me inspira a continuar mi misión en el mundo. Te amo.

A su santidad el Dalái Lama. Sus bendiciones manifestaron este libro. Le estoy increíblemente agradecido por su contribución al escribir el prólogo. Su presencia ha hecho que este libro sea tan valioso.

A Deepak Chopra Ji. Tu humildad y sabiduría son las bases de mi viaje espiritual. El mundo no verá otro Deepak Chopra. Tu trabajo continuará moldeando muchas vidas e inspirando a las generaciones venideras.

A Mallika Chopra. Has sido una gran amiga y una gran guía. Saber que siempre podía contar con tus consejos me ayudó a llevar a cabo todo el proceso. Espero con interés la materialización de muchas de nuestras intenciones de transformar el mundo juntos.

A Georgy Bhaala Ji. ¡Sí, el libro por fin ha salido! Gracias por tu fe y por animar al escritor que hay en mí.

A Sanjeev Sharda Ji. Tus esfuerzos y tu apoyo me motivarán durante años. Te estoy profundamente agradecido.

A Maureen Berrios. Tú viste por qué estoy «aquí» y me animaste a dejar el mundo financiero en favor de un propósito mejor y más elevado. Estoy muy agradecido por tenerte en mi vida.

A Merle English. Gracias por acoger mis columnas en el periódico universitario y por tener la fe que te llevó a difundir mi trabajo por todas partes. Fue un momento decisivo en mi vida.

A mis profesoras del convento de San José de Pathankot, en la India, y a mis profesoras y profesores del Baruch College de Nueva York. Debo confesar que mi obsesión fue siempre el mundo espiritual, pero me alegro de que mi camino pasase por la escuela y la universidad. Ello me moldeó para enfrentarme mejor al mundo. Gracias.

A mis salvavidas, que siempre me habéis tratado como un escritor superventas, incluso cuando no sabía ni el abecé de la escritura de libros. ¡Brindo por nuestra amistad de por vida! Gracias, mis queridos Nikhil, Siddharth, Sahil, Jojo, Jaskaran, Gurbani, Megha y Tripti. Os amo a todos con mi corazón y mi alma.

A Kelly Notaras y Kate Sciolino, gracias por dar forma a mis palabras y por ayudarme a hacer un libro mucho mejor. Esta obra no habría sido lo que es sin vosotras dos. Estoy muy agradecido por haber tenido vuestra energía a mi disposición durante toda su escritura.

A Bill Gladstone, gracias por ser un agente y un consejero fabuloso. Espero que hagamos un largo camino juntos.

Sobre todo, a mi editor americano, Sounds True. Estoy increíblemente agradecido a Jennifer Brown y Tami Simon por reconocer mi mensaje y darme la oportunidad de compartirlo.

A Jennifer Holder, mi editora en Sounds True, por tus esfuerzos por exponer mi mensaje de una forma tan concisa. Te estaré por siempre agradecido.

SOBRE EL AUTOR

Chandresh Bhardwaj es asesor espiritual y conferenciante a escala internacional. Afincado en Los Ángeles, Chandresh inició su movimiento *Break the Norms* con la intención de despertar la conciencia humana de su yo condicionado. Viaja por el mundo e imparte charlas por todo el planeta (Europa, Asia, América del Norte y América del Sur).

Chandresh nació en el seno de un linaje de sanadores espirituales de la India que lleva más de siete generaciones enriqueciendo la vida de las personas. Discípulo de su padre, su santidad Sri Chamunda Swami, una autoridad mundialmente reconocida de la espiritualidad tántrica, combina esta antigua sabiduría con un enfoque moderno de la espiritualidad. Su abuelo le puso el nombre Chandresh, que significa 'maestro de la conciencia'.

Chandresh lleva mucho tiempo fascinado por el increíble poder del ser interior. Siendo muy joven, acompañó a su santidad Sri Chamunda Swami a visitar varios lugares espirituales de la India, donde meditó bajo su guía para buscar las respuestas en su interior. Chandresh cree firmemente que la verdad tiene que descubrirse desde dentro. Nadie puede decirnos cuál es la verdad; debemos hallarla nosotros mismos. Infórmate más sobre su trabajo en www.iamChandresh.com.

ÍNDICE